走出生命的迷霧

濟群法師 著

金翅鳥

目錄

12 弘揚人生佛教，共建精神家園 329

推薦序

人生是一個不斷學習、不斷成長的過程，也是一個不斷解決問題的過程。我們從小到大的所有學習，最終都是爲了解決問題。

人生問題林林總總，大體可分爲兩類：一是現實的問題，一是永恆的困惑。現實問題包括基本生存及家庭、感情、事業、地位、人際關係等，是每個人都要面對的。但這並不是人生的全部，做爲萬物之靈，人類有別於其他動物的關鍵在於，我們還會追問生命眞相——我是誰？生從何來，死往何去？活著的意義是什麼……這些永恆的困惑，並沒有隨著科技發展找到答案。

點開朋友圈，大家的生活看上去總是很精彩。翻閱公眾號，成功的同齡人也總比普通人的故事醒目。但回轉身來，我們無非都面對著各自的困境。日常輾轉於推杯換盞之間，馬不停蹄地去趕赴一場又一場熱鬧與繁華。

人生中的某個時刻，你一定產生過這樣一個靈魂之問：「我的人生就這樣了嗎？」你開始變得安於現狀，「買買買」已是生活常態，在滿足生活所需的同時，也能借此排遣空虛，緩解壓力。可又會在夜深人靜時扣問自己：「我的人生就這樣了嗎？」在感性和理性之間，在世俗和理想之間，總是存在這樣那樣的迷霧，而要洞徹本質，不妨讀讀這本書。

原來高深的佛法竟然寫得這麼酷！我們常用「心花怒放」來形容高張而愉悅的情緒狀態，的確，法師的文字自帶能量，仿佛春天來了，帶著本眞的「生發」之能。那些冬日裡的鬱結、焦躁、壓力，身心的失衡，慢慢都會被緩解、療癒。

打開這本書，就像和春風一起去旅行，那些在樹葉上跳舞的金光，那些在天空飄浮的白雲，還有吹過額頭的清爽的風，清晨的光輝湧進眼睛——這是來自心的消息。法師將一路引領著你，於生活的海洋中踏浪，告訴你何爲幸福？他還會與你談到信仰與人生、輪迴與解脫，指引你看到涅槃之美，帶你認識佛教與中國傳統文化……仿佛站在歲月之巔看風景，心之安然，不亦樂乎。

當我們從另外一個高度來審視人生：在茫茫宇宙中，在億萬年的時間長河中，這短短的一生，不過是剎那生滅的瞬間，到底用來做什麼，才能不負此生？如果沒有高度，我們是看不到人生意義的，我是誰？何爲命運？活著爲什麼？生從何來，死往何去？世界的眞相是什麼？要解答這些永恆問題，必須開發生命本具的智慧，向內而非向外探尋。具有這樣的精神追求，我們才能活得明明白白，才不會在渾渾噩噩中虛度。

生命本是一趟旅程，每個人都在不知不覺從沿途的風景路過。迷霧起時，讀法師的書，於是，心就清亮了。明瞭以出世之心做入世之事，得意時不執著，失意時不在乎，不論世間如何流轉變化，都能成爲修行的功課，安然接納，歷境鍊心。這是何等自在！

今天的世界變化得這麼快，這麼豐富多彩，各種媒體、娛樂、遊戲、科技產品，以及發展中的人工智慧、虛擬世界，使我們對外界的依賴日益嚴重。除了工作，很多人時刻滑著手機，滑著各種碎片化的資訊，無法靜靜地面對自己，甚至失去了休息的能力。

根本的解決之道，就是從人心入手。內心和平，才有世界的和平；內心安定，才有世界的安定。東方文化，尤其是佛法智慧的最大作用，就是幫助我們認識內心，找回自己，造就健全人格。所以近年來，佛教在西方國家的影響愈來愈大。很多心理學者都在學習佛教的教理和禪修方法，將之運用於學科建設和臨床治療。

物質可以解決一切問題嗎？幸福是由心感受的。當內心焦慮、恐懼、缺乏安全感的時候，當內心有種種疾病的時候，是沒有能力感受幸福的。我們知道疾病會損害健康，同樣，心理疾病會破壞幸福，是幸福的天敵。

你想找到答案嗎？讀這本書吧，從源頭解決痛苦，成就解脫自在的人生。

感恩法師拂去迷霧，奉上明月，祝願讀者滿目青山，載月明歸。

青山（文字工作者）

二〇二二年七月

1
人生五大問題

在這個世間，每個人都會面臨這樣那樣的問題。事實上，人生就是一個不斷製造問題和解決問題的過程。一個問題解決了，新的問題又接踵而至，循環往復，不曾少息。

現實的問題，只要努力多半不難解決。但繼續對人生做深層思考，觸及心靈深處，必然會面臨生命存在的共同問題——何爲幸福？我是誰？生從何來，死往何去？何爲命運？活著究竟爲什麼？等等。這些也是人類永恆的困惑，如果找不到答案，心靈是無法眞正安寧的。千百年來，人們始終沒有停止探討和追尋，但答案往往來自思維，來自猜測和推斷，來自有限的個人經驗，而不是對生命眞相的體證。今天，我想從佛法的角度，談談對這些問題的認識。

何爲幸福

我們首先要解決的是生存問題，也就是基本溫飽。這是屬於物質層面的需求，相對比較單純。除此而外，我們還想進一步獲得幸福，這是所有人關注並孜孜以求的。

那麼，幸福究竟是什麼？是由物質還是精神所決定？如果幸福僅僅取決於物質，那就應該可以量化，可以總結出一個幸福的達標指數，比如有多少錢，或有什麼條件，等等。可事實又是如何？

多數人在生活清貧時，往往會將希望寄託於物質改善，這也是人們熱衷於賺錢的動力所在。但在當初設定的目標一一實現時，除了給我們帶來一些暫時滿足，預想中的幸福似乎並沒有如期而至。可見，幸福未必是改善物質就能解決的。

那幸福究竟是什麼呢？我的定義是：幸福只是一種不穩定的感覺。這種不穩定的感覺，固然和物質條件有一定關係，但更重要的，是在於自身心態，在於我們對自身需求的定位，這才是問題的根本所在。如果缺乏良好心態，或對物質的需求永無止境，那麼，幸福將永遠是可望而不可即的幻影。所以說，幸福不僅是唯物的，更是唯心的。

探討人生幸福，首先需要對苦、樂的關係具有正確認識。

從佛法觀點來看，認爲人生是苦。許多人對這一定義不理解，並以此推斷，佛教必是消極悲觀的。因為在我們的感覺中，並非一味的苦，而是苦樂參半、悲喜交集。那麼，佛陀為什麼會有這樣的歸納呢？

其實，佛教也將人的感覺分為五種，分別為苦、樂、憂、喜、捨。其中，苦和樂偏於物質層面，憂和喜偏於精神層面。雖然理智也告訴我們：苦樂憂喜都是無法避免的人生常態。但在內心，誰又不是趨樂而避苦呢？事實上，這也是一切眾生的本能。人類的五千年文明，同樣是在幫助我們擺脫痛苦，獲得快樂。但結果又是如何？我們有了古人難以想像的豐裕生活，但痛苦就此解決了嗎？煩惱就此消失了嗎？

可見，佛教所說的人生是苦，並不是就現象而言，而是透過現象所做的本質判斷——苦是人生本質，而快樂只是對痛苦的一種緩解。現實中，沒有哪種快樂是具有本質性的。所謂本質，也就是說，這種快樂無論什麼時候享受，也無論享受多長時間，它都是快樂的。我們能找到這樣一種絕對、不變的快樂嗎？

事實上，任何一種快樂都有某種痛苦與之對應。當我們被饑渴之苦折磨時，吃飯會成為快樂；當我們被思念之苦纏繞時，親人相見會成為快樂；當我們夜不成寐時，

安然入睡會成爲快樂。如果去掉饑渴、失眠這些前提，吃飯和睡覺會成爲快樂嗎？當我們不想吃卻不得不吃，不想睡卻不得不睡的時候，同樣的事立刻就轉爲痛苦了。只有當我們需要吃飯、睡覺並爲之所苦時，才會因爲這種痛苦得到緩解而產生快樂。從這個層面來說，痛苦有多少，由緩解痛苦所帶來的快樂就有多少。

現代社會物質豐富，也比古人有了更多緩解痛苦的途徑。古人離別時，天各一方，音訊渺茫，這種思念因難以解決而與日俱增。一旦相見，由此產生的喜悅可謂強烈之極，這在古代詩文中有大量描寫。但現在我們想念一個人時，可以立即撥通電話。如果覺得只聞其聲不夠，還可透過視訊相見。再或者，買張機票就能很快見面，哪怕遠隔重洋，也不再是無法逾越的障礙。但正因爲易於緩解，這種由相思帶來的痛苦就很膚淺，很有限。相應的，所產生的快樂也很膚淺，很有限。

因爲不瞭解生命眞相，我們才會產生諸多煩惱。但人們往往看不到這一點，以爲改變世界才是解決痛苦的有效途徑。這一定位的偏差，使得我們在改善物質條件的同時，又在不斷製造煩惱。甚至可以說，製造問題的速度遠比改善世界的進程更快。所

以，今天的人雖然享有高度文明，卻比古人活得更累，壓力更大。原因無他，就在於欲望太多，煩惱太多，這也是人生之苦的根本。惟有消除內心的惡性需求及煩惱，才能從源頭解決痛苦，成就解脫自在的人生。

其他宗教往往將幸福寄託於天堂，寄託於外在拯救。其實，改變環境只是換湯不換藥的被動舉措。倘若生命品質不曾改變，由此帶來的安樂只是暫時的。因爲生命的迷惑還在，就會源源不斷地製造煩惱，製造輪迴。佛教認爲，惟有體證生命眞相，才能從根本上轉迷爲悟，超越痛苦。此外，佛教還特別強調自力，即自身努力，這也是佛教區別於其他宗教的主要特徵之一。其他宗教主要強調他力，只要具有信仰，就能因此得到救贖。而在佛教修行中，雖然也依靠佛菩薩的加持力，但主力卻是自己。

當然，僅僅依靠自己還不行，還需要有智慧，有方法，要「以己爲洲，以法爲洲」。否則，往往會走上自以爲是的歧路。這裡所說的法，就是佛陀告訴我們的修行之道，簡單地說，就是三學八正道。佛教以「佛、法、僧」爲三寶，爲皈依對象。其中，佛是我們改善生命的榜樣，法是認識生命眞相的方法，僧是指導我們使用方法的導師。由依止佛法僧三寶，而能究竟地解脫自在、離苦得樂。

我是誰

生命有很多不解之謎。古往今來，人們不停地追問著：我是誰？我從哪裡來？我到哪裡去？這是人類永恆的困惑，也是每個人無法逃避的終極問題。因爲我們最在乎、最關注的就是這個「我」。我們的整個生活，基本都是以自我爲中心而建立。但我們是否想過：究竟什麼代表著我？僅僅是這個身體嗎？僅僅是眼前這個會說會動、會哭會笑的五蘊身嗎？

人們之所以害怕死亡，原因就是將這個身體當作是我，以爲身體敗壞就意味著「我」的毀滅。其實，色身只是生命延續過程中的一個朝不保夕的片斷，一種不斷改變的形式，並不能代表眞正的「我」。從哲學定義來說，「我」代表著生命的本質，是永恆且不可分割的。但身體只是由眾多元素構成，剎那剎那處於新陳代謝中，處於發展變化中。而在今天這個醫學發達的時代，身體的很多零件還可以更換組裝，甚至

使用人工替代品，其中哪有什麼獨存、不變的「我」呢？如果瞭解其中原理，我們對身體就不會那麼在乎，對死亡就不會那麼恐懼了。

身體而外，「我」的存在還體現於兩方面：一是觀念，一是心態。我們生活在共同的世界，但同時又活在自己的世界裡，活在自己的情緒中。很多時候，還會被這些喜怒哀樂左右著，無法自主。我們爲什麼會被其主宰？原因就是把這些情緒誤以爲是「我」——「我喜歡，我討厭」，於是就會在乎，就會執著，進而不斷將心靈能量投射其中，不斷強化這些情緒。最終將主權拱手相讓，使某些情緒長時間地影響我們。生活中，有人一生追尋愛情，也有人一生被仇恨驅使。其實，很多情緒只是內心的惡性腫瘤，只是生命的不良發展。雖然生長在我們心中，卻並不屬於「我」的一部分。倘能以智慧進行觀照，認清這些情緒不過是內心漂浮的影像，就不會一頭栽入其中，成爲被操縱的傀儡。

這就需要對自我進行審視，認清「我執」給生命帶來的危害。事實上，一切煩惱皆因「我執」而起。任何一種東西，只要貼上自我的標籤，對我們就會具有殺傷力，就會讓人愛，讓人恨，讓人朝思暮想，寢食難安。一旦將自我的標籤去除，它的變化就不會對我們產生什麼影響了。在這個世間，每天要發生很多驚天動地的事，但眞正使我們爲之心動的未必有萬千分之一。很多時候，我們只是隨之感慨一下，就迅速拋在腦後。爲什麼？就是因爲我們沒有將自己和那些事切實聯繫起來，沒有對此產生「我執」。

「我執」還是世間一切是非紛爭的根源，是我們和他人相互牴觸、難以和諧的原因所在。生活中，一個自我意識過強、處處以「我」爲中心的人，必定不會有融洽的人際關係。反之，那些淡化自我、處處爲他人著想的人，不僅深受大眾歡迎，自己也能安樂自在。因爲他們不必害怕「我」的利益受損，擔心「我」的自尊受挫。遠離這個處處作祟的「我」，也就遠離了那些與「我」形影相隨的煩惱。

從佛教角度來說，「自我」正是有情最大的誤解，是我們因爲不瞭解生命眞相而產生的錯誤設定。無論身體還是情緒，都不具有永恆不變的內涵，都不能代表所謂的「我」。所以，佛教提出「無我」的思想。這也是佛陀對眾生最大的貢獻。或許不

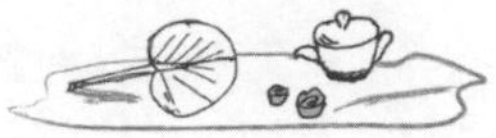

少人會覺得費解，甚至對此感到恐懼：如果「無我」，那現在這個會說會動的又是什麼？又會消失何方？其實，「無我」所否定的，只是加諸於「我」的錯覺，而非現象本身。

禪宗有個話頭是：「一念未生前本來面目是什麼？」，我們每天都在不絕如縷的思緒中，在一念接一念的意識活動中。當這些念頭尚未生起之前，生命是一種什麼狀態？再往前追溯：來到這個世界前，「我」又是以什麼狀態存在？所謂「父母未生前本來面目是什麼？」，這也是禪宗另一個重要的話頭。禪宗的修行，正是透過這樣一種追尋，將遮蔽內心的妄執層層掃蕩，將現有的錯誤設定逐步瓦解。

認識自己——這是佛法關注的根本問題，也是西方哲學的最高名言。惟有透徹生命眞相，我們才能把握前進之舵，成爲生命的眞正主人。否則，只能是這個色身或情緒的奴隸，爲他的衣食奔忙不休，爲他的喜怒耗盡生命。更悲哀的是，很多人不僅勞而無功，還會由此造作惡業，使未來繼續沉淪，繼續受苦。

生從何來，死往何去

茫茫宇宙中，地球時刻都在不停運動，所謂「坐地日行八萬里」。那麼，居住在地球上的我們，來自何方，又去向何方？如果找不到答案，我們能活得踏實嗎？當然，不少人未必會想這個問題，或者事情太多而沒時間去想；再或者，用種種方法來轉移這個無法解決的疑問。但不論我們想不想，這是每個人最終需要面對的現實。

在歷史長河中，我們的一生是如此短暫；在浩淼太空中，我們的生命又是如此渺小。如果從唯物論的角度看待生命現象，我覺得，實在看不出生命的終極意義。不論有過多少輝煌，也不論付出多少努力，最終都是趨於毀滅，都是化為塵土。但我們不必因此悲觀，佛法告訴我們：在有限的層面之外，生命還有其無限的層面。生命既是渺小，也是無限的；既是短暫的，也是恆久的；既是脆弱的，也是強健的。倘能透徹心的本質，就會瞭解，每個有限的當下都是無限。認識這一層面，我們才能找到人生的終極意義。

探討有情的生死，必然涉及生命的輪迴。在一般人看來，生命就是從呱呱落地開始。而從輪迴的眼光來看，今生只是生命長卷中的一個章節，只是其中一個相對的開始。在它之前，有著無窮的過去；在它之後，又有著無盡的未來。當然，現代人往往不易接受這一觀點，但只要對生命現象全面觀察，我們會發現，某些用科學難以解釋的現象，若從輪迴角度來看，就會豁然開朗。

比如，我們是否相信人和人之間存在緣分？在這個世間，我們會和很多人相識相遇。有些人，我們會一見如故；有些人，天天見面也會視同陌路；還有些人，我們卻會毫無理由地心生厭惡。原因何在？很多人會說：這是緣分。但很少有人進一步思考：緣分又從何而來？爲什麼我們和不同的人會有不同的緣分？如果相信輪迴，對緣分就不會感到奇怪。因爲人與人之間的關係並非始於今生，還有許多前生帶來的烙印。在過去生，有些曾是我們的親朋故友，有些則是我們的冤家仇敵。當彼此在今生再度相遇，這種烙印就復甦了，並驅使我們將往昔的愛恨情仇繼續演繹下去。

再如，每個人都有不同的天賦，有自己學起來容易上手的專業。我們常常可以看到，在學習中付出同樣努力，未必會有同樣成果，還可能相距甚遠。是上天不公嗎？是命運捉弄嗎？都不是，只是因爲生命起點不同。起點高的，稍加努力就能領先於人。而起點低的，惟以「笨鳥先飛」做爲彌補。但天賦又是什麼？通常以爲是父母遺傳，事實上，很多人具有的天賦和父母毫無關係。而從佛教角度來看，生命其實有兩套系統，其中的物質系統由父母給予，而精神系統則來自過去生的積累，並將繼續影響未來生命，成爲下一輪的起跑點。

從這兩個角度，可以幫助大家理解生命的輪迴。但我們還要看到，輪迴不僅體現爲一種生命現象，其根源就在我們的心。佛教認爲，眾生在天、人、阿修羅、地獄、餓鬼和畜生六道生生不息地流轉。這六種生命型態，也代表了我們內心的不同狀態。

比如餓鬼，是貪心發展的極致。一個貪得無厭的人，會表現出極度的渴求，永無滿足之時，這種心理被無限張揚後，生命所呈現的就是餓鬼狀態。畜牲，是愚癡無知的狀態，其生命只是停留在本能的需求上，除飲食男女外別無所求，這種生活和那些爲覓食、繁衍而忙碌的動物又有什麼區別？阿修羅，是瞋恨狹隘的象徵，他們所熱衷

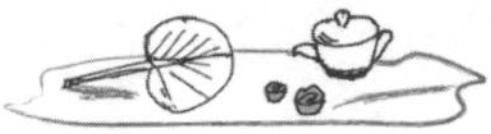

的鬥爭，既是瞋心的體現，又是對瞋心的張揚，當這種心態被固定後，生命就會進入阿修羅的狀態。

可見，生命狀態也是某種心念的延伸，是在成長過程中逐步發展而來。在社會上，不同行業者往往會表現出不同的行儀，學者有學者的氣質，商人有商人的風采。這些差別，正是由不同的心行外化而來，是心念由內而外的延伸。包括輪迴，也是內心發展的一個結果，不是誰強加於我們的。同樣，佛菩薩的生命品質亦非本然如是。他們所具有的無限智慧和慈悲，都是在生命發展過程中逐步造就，逐步開發的。

生命的未來在哪裡？我們的歸宿在哪裡？答案就在我們當下的心行，就看我們現在做了什麼，想了什麼。現在生命的型態，來自過去生的積累。未來的生命發展，又來自今生的積累。所以，佛教非常注重當下的努力，這是銜接過去和未來的關鍵，也是我們改變命運的著力點。

如果不瞭解生從何來，生命是沒有根的；如果不瞭解死往何去，生命是沒有歸宿感的。一個找不到根和歸宿的人，自然會缺乏安全感，這也是現代人極爲普遍的一種心理。如何獲得安全感？很多人是透過積聚財富或購買保險來解決。事實上，在災難頻仍、風雲變幻的今天，這些保障又是多麼脆弱，多麼不堪一擊啊！讓向外尋求的心回到當下吧，因爲眞正的安全感不在別處，就在我們此刻的心行。我們能夠把握當下，就能把握未來，把握生命走向。當我們有能力把握這一切的時候，還有什麼不安，還有什麼可以恐慌的呢？

何爲命運

人有沒有命運？又是由誰來決定這一切？其他宗教多認爲，命運是由外在的主宰神或某種神祕力量決定。而佛教認爲，命運就是生命發展的規律，決定這種規律的力量仍在我們自身。換言之，命運體現了生命發展的因果，是以不同心行做爲因而導致的結果。有什麼樣的行爲，就會導致什麼樣的命運走向。這些行爲，包括身、口、意三業。其中，身業是所行，語業是所說，意業是所想。

佛教還認爲，這些由所行、所說、所想構成的因果，貫穿著過去、現在、未來三世。但現代人很難接受這一觀念，或者說，很難發自內心地引起共鳴。所以，我現在主要提倡的是心靈因果，當下因果。

我們可以暫時不考慮三世因果，但無法迴避心靈因果，當下因果。當我們行善，或只是生起一念善心時，由此感得的樂果未必立即現前，但由此帶來的內心喜樂卻是當下就能體會的。我們所有做過、想過的事，都會在內心留下痕跡，形成力量。這種力量，正是影響未來生命走向的因。因爲心念會形成習慣，並逐步固定爲心態，進而導致不同性格，導致不同人格。

每個人的內心都有很多不同心念在活動，其中有正面的，也有負面的，區別只是在於各自力量的強弱。如果不加選擇地任其發展，很可能就被「我執」掌控，被「我執」發展的負面力量占據主動。俗話說：「人不爲己，天誅地滅。」因爲「我執」就是我們的本能，是我們不假思索就會維護的本能。修行的意義，則在於幫助我們調整方向，幫助我們由被動轉爲主動，有選擇地強化某些正面心理，淡化並逐步根除某些負面心理。

習慣從哪裡來？無非就是某件事我們做多想多了，以致成爲自然。比如，我們習慣於每天見到哪些人，習慣於每天做些什麼，習慣於每天吃些什麼。一旦這種習慣固定下來，就會逐步發展爲某種生命模式，成爲我們的性格。所以說，性格就是習慣的積累，又會逐步發展爲我們的人格，發展爲我們的生命品質。觀察一下就會發現，我們現在的許多性格，其實是和生活習慣密不可分的。

這些習慣和性格，又決定了命運的不同走向。所以說，命運不是上天的賜予，不是偶然的機遇，而是由我們自己所設定，是由不同行爲所決定。這種決定命運的因素，佛教稱之爲「業力」。所謂業，又可看作我們的生命程式。造作地獄之因，就是編寫進入地獄的程式。種下人天善因，就是編寫進入人天善道的程式。我們編寫不同的程式，就會進入不同的世界、不同的生命軌道。所以，我們要改變命運，也要從改變心行程式做起。如果我們有能力改變心行，改變習慣，就有能力改變命運。反之，如果無法改變現有的性格和習慣，那改變命運不過是空話而已。

我們的心具有兩個特點：一是選擇，二是創造。這也是人之所以爲萬物之靈的關鍵所在。桌子不會選擇，房子不會選擇，動物的選擇能力也相對較弱。而人具有理性，具有抽象思維，不僅能選擇、判斷，還能在選擇、判斷後進行創造。也正因爲這兩大特點，人類才創造了五千年文明。而在改造世界的同時，自身命運也隨之發展。從這個角度來說，心就是命運的主宰。

但在很多時候，某些行爲一旦形成習慣，心就會不知不覺地進入慣性軌道，被其所控，不是我們想改變就能輕易改變的。這就必須借助修行來調整，事實上，這正是修行的難度所在。因爲習慣是由日積月累而來，有著根深柢固的力量。這種力量，就像地球引力將我們固定在地球上一樣，使我們難以超越，難以擺脫當下的凡夫狀態。

曾經有位教授說要學佛，但起因卻是爲了戒菸。因爲他抽了三十年菸，尼古丁對其有很強的控制力，可他又檢查出肺部病變。醫生警告說：再抽菸馬上完蛋。他當然珍愛生命，但每天要和尼古丁的誘惑進行鬥爭，身心俱疲，就希望透過學佛來解決這一問題。

這一理由固然有些可笑，但卻說明，習慣一旦形成，對身心都有極強的控制力，若不痛下決心，是很難加以改變的。除了決心，我們還應瞭解生命發展的規律。依循這一規律，才能切實地規劃未來，改變命運。

活著爲什麼

人爲什麼活著？活著的價值是什麼？也是每個人無法迴避的重要問題。

做任何事，我們都會有某種理由。因爲餓了，所以要吃飯；因爲睏了，所以要睡覺；因爲孤獨，所以要尋找感情。活著，難道不更需要理由嗎？一般人找個理由似乎不難，比如說，爲了我的孩子，爲了我的家庭，爲了我的事業，因爲他們對人生沒有太多思考，隨便找個理由都可以打發自己。但深入思考的話，我們就很難滿足於這樣的答案，滿足於這種人云亦云的價值觀。所以，那些有思想的人反而不容易找到活著的理由，因爲世人所認可的那些理由都是經不起推敲的。對某些人固然重要，對某些人卻可有可無；又或者，在生命某個階段顯得重要，但在另外階段卻毫無價值。可見，這些都不是我們找尋的終極答案。也正因爲如此，不少藝術家或哲學家甚至會苦

悶到走上絕路。因爲對某些注重精神生活的人來說，如果找不到具有說服力的理由，就很難心安理得地過下去。

從更深一層來看，多數人所追求的人生價値，更經不起死亡的審視。再大的事業，再多的財富，在死亡面前，都像泡沫般脆弱短暫。當事業結束時，爲我們的生命留下什麼？回顧歷史，哪怕貴爲帝王，稱霸一時，同樣是灰飛煙滅。所以，外在一切都是要過去的。當這些成爲回憶，給生命帶來什麼影響，才是我們眞正應該重視的。

孟子說：「人人皆可爲堯舜。」佛教則認爲，每個生命都具有潛在的、佛菩薩那樣的高尚品質，也就是眾生本具的佛性。我們的心固然會製造種種煩惱，但同時也具備解除煩惱的能力。若不開發這一能力，輪迴將永無止境，因爲無明就是製造痛苦的永動機，使我們在苦海中沉淪輾轉，迷失方向。

活著的意義，在於瞭解並開發自身潛在的高尚品質。惟有這樣，我們才有能力完成生命版本的升級，才有能力給眾生究竟而長久的幫助，這正是佛教所說的自覺覺他，自利利他。

佛教認爲，人生是由惑業苦組成。因爲無明障蔽，使我們看不清生命眞相。不知何爲幸福，就會以苦爲樂，與幸福背道而馳。不知我是誰，就會非我執我，遺患無窮。不知生從何來，死往何去，不知何爲命運，就無法對未來做出正確規劃，使生命健康發展。不知活著爲什麼，就會耽著於眼前小利而忽略生命的究竟價値，或因找不到活著的正當理由而失去生存動力。因此，探討和解決這些永恆的問題，對人生的究竟幸福具有重大意義。

2
當代宗教信仰問題的思考

—— 法師與學僧的多人對談

編者按：在我們的人生中，信仰究竟意味著什麼？是生命的最終依歸，還是可有可無的點綴？信仰究竟又能爲我們帶來什麼？是人生道路上的智慧明燈，還是遭遇挫折時的心靈安慰？在這個信仰缺失的時代，人們或是在信仰的眞空中失去重心，或是在信仰的渴求中饑不擇食，或是在信仰的探索中彷徨迷茫。那麼，信仰的眞空要靠什麼來塡補？信仰的渴求應當如何來解決？信仰的探索又該遵循怎樣的標準？換言之，對信仰的訴求是否終將歸於宗教？希望我們在本文探討的問題，也正是您所關注的。

信仰與人生

願齋：是否所有人都有宗教信仰的需求？

濟群：如果說所有人都有宗教信仰的需求，那未免絕對。因爲在現實生活中，的確有許多人沒有宗教信仰，也不曾意識到信仰對於人生的作用。尤其在中國社會，許多人對宗教都缺乏正面認識。在這樣的前提下，信仰需求或者被扼殺在搖籃中，或者轉化爲其他需求。至於那些終日爲衣食奔忙或沉溺聲色的人，從未思考過人生大事，自然也覺得信仰是可有可無的。

但信仰所關注的是人生大事，包括生從何來、死往何去，包括對人生價值和生命自我的認識，也包括心靈的關懷及煩惱的解脫。這些都是人類永恆的問題，不會因爲我們的忽略而不再存在。事實上，但凡有思想的人都可能碰到。一旦涉及這些問題而沒有宗教信仰做爲支撐的話，人生往往會陷入迷茫之中。

覺照：可以說絕大多數人都是有宗教信仰需求的。即使是那些自稱沒有任何宗教信仰的人，在人生的特殊時刻，尤其是死亡來臨之時，也常常會發出諸如此類的感慨——假如我有一種宗教信仰該多好啊！

我覺得，只要這個世界還不完美，還存在種種苦難，種種缺陷，宗教信仰就有它存在的意義和價值。

覺照：也有人認爲，有信仰總比沒有信仰更好，這種觀點對嗎？

濟群：擁有健康的宗教信仰，當然比沒有宗教信仰更好。因爲信仰能幫助我們找到人

生的究竟歸宿，淨化自我的心靈，建立道德的規範；並引領我們踏上古聖先賢的求眞探索之路。

願齋：常常聽到有人說：我什麼都不信。這種人是否存在？這一觀點的危害性是什麼？

濟群：這句話本身是有問題的，他們信不信食物可以充饑呢？信不信太陽可以給我們帶來光明呢？眞的什麼都不信，就無法在世間生存了。事實上，他想要說明的只是自己什麼宗教信仰也沒有，卻將這個問題極端化了。無神論者是存在的，即使是無神論者，也不能說什麼也不信。

因爲對宗教的長期隔閡，我們周圍的確有很多沒有任何宗教信仰的人。但如果連基本的人生信念也不具備，往往導致私欲的極端膨脹。近年來，功利主義在中國的發展導致拜金成風。其中的重要原因之一，就是缺乏信仰所致。

宗教是道德建立的基礎，古往今來，許多民族都是依宗教建立自身的道德準則。「全心全意爲人民服務」的口號提倡了幾十年，這和菩薩道的精神完全一致。但人性是自私的，如果認識不到「爲人民服務」的意義，很難使人們自覺接受，更難以長期堅持，也就無法具有持久的生命力。

聞道：也有人覺得做個好人就行了，爲什麼要有宗教信仰呢？他們認爲，有些聲稱有信仰的人也未必比自己更善良。

濟群：關於好人的說法非常籠統，每個人都有理由認爲自己是好人，但究竟依循什麼標準呢？而所謂的好人，也有不同程度的區別。我們一般所認爲的好人，就是善良而富有愛心的人。從佛教的角度來說，能夠依五戒十善生活，是人天乘的標準；能夠斷除貪、瞋、癡，是解脫道的標準；能夠自覺覺他、自利利他，是菩薩道的標準；而圓滿斷德（生命中不再有貪瞋癡）、悲德（對眾生具備無限慈悲）、智德（具足一切智慧）的佛陀，才是最究竟的好人。所以說，宗教信仰不僅爲我們界定了是非善惡的標準，更爲我們指明了完善道德的途徑，能夠幫助我們成爲具有深度和純度的好人。

不可否認，的確存在雖有信仰卻品行不端的人。但問題在於，這些人是否按照信

仰的道德標準來要求自己？此外，每個人的素質和起點都不同，有些人積重難返，但只要有心向善並持之以恆，多少總是會發生轉變的。我們衡量一個人時，不僅要進行橫向比較，也要進行縱向比較。

覺照：宗教信仰不只是教我們做一個好人、做一個善良的人，同時也是教我們做一個有智慧的人。這一點佛教表現得最爲突出。學佛必須福慧雙修、悲智雙運，兩者缺一不可。

很多人認爲，信仰只是爲了尋找死後的歸宿。若年輕時就信仰佛教，難免與生活和事業發生牴觸。不妨等老了再考慮這個問題。

濟群：人們在年輕時往往會有許多理想和追求，當他們將全部精力投入其中時，或許還意識不到信仰的意義。隨著人生閱歷的豐富，對世俗生活的虛幻才會有深切體會。尤其是到「老來歲月增作減」的時候，名利地位也好，家庭事業也好，與即將到來的死亡相比，似乎都顯得不再重要。所以，人們在晚年更需要信仰的支撐，這也是信徒中老年人居多的主要原因。也因此有人認爲，信仰只是老來的安慰，年輕時關注信仰還爲時過早。

就佛教來說，既有出世的層面，也有入世的層面，絕非消極避世。它所關注的不僅是生死大事，也包括對現實人生的改善。佛陀在《善生經》中，就對世人如何處理家庭關係、如何看待財富等問題做了非常具體的開示。如果我們年輕時就依教奉行，會少走很多彎路。反之，若一生爲欲望奔忙操勞，且不論結果如何，難免沾染許多不良習氣，老來想要改變也往往力不從心。同時，對信仰的實踐也需在年富力強時進行。歷代祖師大德多是在年輕時便開始修道，佛陀更是在三十五歲便已覺悟。同樣是接受教育，在年輕時開始更好，還是到晚年開始更好呢？

正信、迷信與邪信

聞道：說到信仰，人們往往會聯想到迷信。究竟什麼是迷信呢？

濟群：迷爲昏亂、分辨不清；信爲相信、順從，而迷信就是盲目的相信和崇拜。換句話說，凡不能把人導向覺悟、智慧和眞理的信仰，皆可稱爲迷信。

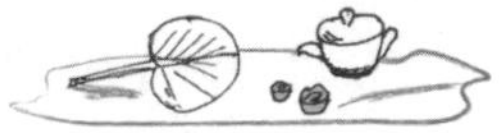

從所信的對象來看，如果對象本身尚處於迷妄狀態，那麼建立其上的信自然也是迷妄的。通常，我們總覺得宗教信仰中才存在迷信現象。事實上，我們在生活中也常常陷於迷信而不自知。如貪財的人爲財迷，貪色的人爲色迷，愛看戲的人爲戲迷，愛看球的人爲球迷，類似的例子不勝枚舉。也有些人迷信數字，如廣東人喜歡「八」，西方人忌諱「十三」和「星期五」。還有些人迷信名字，以爲改一個吉利的名字就能爲自己帶來好運。這些也都是想當然的迷妄行爲。

從我們自身來看，如果極端執迷於某事，也會引發迷信行爲。如算命、看相之類，本可視爲中國傳統文化的一部分，並非純屬無稽之談。因爲命運的確有一定規律可循，這也就是佛法所說的「如是因感如是果」。但是，緣起的生命現象甚深難知，其中還包含諸多可以改造的不確定因素。如果我們過分相信算命、看相，以爲命運一定是如此這般，那又大錯特錯了。

覺照：還有許多人將宗教等同於迷信，那麼，如何認識宗教呢？

濟群：將宗教等同於迷信的觀點，反映了人們對宗教的無知。宗教並非人們想像的、源於人類對世界的無知或某種偶然因素，因而到一定時期就會完成其歷史使命。縱觀人類歷史，從原始社會到今天的資訊時代，宗教早已滲透在每個民族的文化中，滲透在我們生活的各個領域，成爲人類文明不可或缺的組成部分。雖然其中有多神、二神、一神、無神的演變，有低級和高級的不同，但宗教始終是精神生活的核心。

不可否認，某些宗教行爲中的確攙雜了迷信色彩。所以說，我們必須瞭解正信、雜信、迷信乃至邪信之間的區別。

聞道：怎樣看待「提倡科學、破除迷信」的說法呢？

濟群：提倡科學能否破除迷信呢？事實上，在科學盛行的地區，在具有相當科學知識的人身上，迷信現象依然存在。因爲人類的認識能力是有限的，科學能告訴我們關於外在世界的知識，但卻無法幫助我們認識自身的生命，認識內在的精神世界。

我們高舉著「科學」的旗幟，但我們眞正認識科學嗎？眞正瞭解科學的精神嗎？

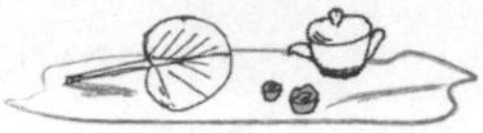

我們把科學等同於眞理，但科學尚處於不斷的發展中；我們崇尚科學的力量，但科學是一把雙刃劍，它所能產生的作用，取決於它的掌握者和使用者。

唯有眞理、唯有正信才是破迷開悟的最佳武器。這又涉及到兩個問題：首先，我們破除的是不是迷信？其次，我們用以破除它的武器是不是眞理？否則的話，我們很可能是以一種迷信去破除另一種迷信，甚至是以迷信去障礙對眞理的認識。

聞道：那麼，佛教信仰中是否存在迷信的現象呢？佛教又是如何破除迷信的呢？

濟群：佛教信仰中的確也存在著迷信現象。在許多名山寶刹，每天有成千上萬的善男信女在燒香磕頭，其中大多帶有迷信色彩。因爲在他們的心目中，佛菩薩就是人類的保護神，求求拜拜就能獲得護佑。

佛教認爲，迷是由於眾生的無明所致。除了覺悟的聖者，又有哪個凡夫不迷呢？只是迷得深或淺罷了。正因爲缺乏智慧，才使我們始終深陷於執著，使人生始終充滿困惑。所以，佛法特別強調智慧的作用，透過聞思經教樹立人生正見，透過如理思維尋找解脫之道。佛法所說的解脫包括心解脫和慧解脫，一方面使我們的心靈從煩惱中解脫出來，一方面使我們的認識從困惑中解脫出來。當我們從煩惱和困惑中解脫之後，就不會再被迷情所轉。

聞道：那麼，邪教與宗教是否有著內在的聯繫，它們的區別又是什麼？

濟群：什麼是邪教呢？一般而言，其教主多是因極度狂妄而自視爲救世主，也有出於個人私欲而創教。在手段上，他們或是以一些似是而非的觀點欺騙大衆；或是以一些特異功能招徠信徒；乃至以危言擾亂視聽，如宣揚世界末日即將到來等等，使人們因恐懼而依附其門下。總之，他們的所作所爲絕不是慈悲濟世。

我們應當認識到，邪教和宗教的確有著某種聯繫。因爲邪教往往會依附於某種傳統宗教。西方許多邪教依附基督教、天主教。邪教所宣傳的世界末日、上升天堂，以及教主對自己的神化，其內容往往來自於傳統宗教，以增加其邪說的可信度。當然，他們會將剽竊的內容根據自己的需要進行再加工。即使邪教中經常出現的勸人行善，也都是變了味的，只是蠱惑人心的伎倆。所以說，邪教是長在宗教身上的一顆毒瘤。

覺照：信仰邪教會帶來什麼危害呢？

濟群：這個問題，可能透過一些事實更容易說明。在「世界邪教大觀」的網頁上，轉載了《環球時報》的一段內容：

一九七八年十一月十八日，美國邪教組織「人民聖殿教」九百一十四名教徒在蓋亞那集體服毒自殺，前往談判並勸說的美國眾議院議員賴恩及其隨行人員也一同被殺。

一九九三年四月十九日，「大衛教派」在美國德克薩斯州韋科市以東的卡梅爾莊園被聯邦調查局出動的軍警包圍五十一天。莊園被攻陷後，莊園內的八十多名邪教成員與教主大衛．考雷什一起集體自焚，葬身火海。

一九九四年和一九九五年，邪教組織「太陽聖殿教」先後在瑞士、加拿大、法國製造了多起集體自殺事件。

一九九五年三月二十日，「奧姆眞理教」在東京地鐵製造了震驚世界的「沙林」毒氣事件，導致十二人死亡，五千五百人受傷。

一九九七年三月二十六日，美國加利福尼亞州聖地牙哥的一個邪教組織「天堂之門」教派，包括教主在內的三十九人集體自殺。

二〇〇〇年三月十七日，烏干達邪教組織「恢復上帝十誡運動」製造了駭人聽聞的教徒集體自焚事件，五百三十多名教徒在烏干達西南部的卡農古教堂裡被集體燒死。隨後，警方又發現多處被害教徒的墳墓，被害教徒總數達上千人。

聞道：如何才能避免邪信呢？

濟群：當我們接觸一種宗教時，不要一味盲從，而要認眞地觀察和思考：其教主是否具有大慈大悲的濟世情懷，具有值得仰賴的高尙道德；其教義是否符合眞理，是否能使我們的人格得到昇華並最終走向解脫。當我們選擇一種宗教時，更不要有急功近利的想法，否則很容易因此誤入歧途，因爲邪教往往就是利用人性的弱點來吸引信徒並對其進行控制。當我們確定自己的信仰時，還要看它是否經過了時間的考驗。事實證明，傳統的佛教、道教、基督教、天主教和伊斯蘭教，無論對社會還是人類自身都是有益的。

信仰與理性、科學

覺照：我們常常會發現，一些信徒雖然不瞭解多少教理，卻非常虔誠；而一些信徒雖然掌握了很多教理，反而沒有那麼虔誠。這一現象說明了什麼？

濟群：信仰和人們的精神需求有關。如果內心對宗教有強烈需求，具備了足夠的虔誠，自然容易身體力行地實踐。一旦由實踐得到切身的宗教體驗，這種信仰就會比較堅固。但佛教信仰還應以理性爲基礎，如果缺乏這一基礎，又缺乏宗教實證，即使初發心非常猛利，也很難一如既往地保持當初的虔誠。

至於掌握教理後能否得益，關鍵是看學佛的發心。如果僅僅將佛學當作學術來研究，不和自己的人生產生聯結，不將佛法切實運用到生活，是得不到佛法眞實受益的。即使教理研究得再好，也難以生起虔誠的信心。

雲海：有些人認爲信仰必須建立在「理性」基礎上，有些人則認爲必須首先做到「無條件的信」，應當如何看待這一問題呢？

濟群：說到宗教，必然涉及到信仰。基督教有「因信稱義」「信者得度」之說，顯示了信的絕對作用，這就是典型的「無條件的信」。因為許多宗教經驗是超越理性層面的，所以往往對理性進行排斥。

但佛教認為，人類之所以為萬物之靈，正是因為具有理性思維的能力。那麼，提倡理性的佛教又是如何看待信的作用呢？《大智度論》告訴我們：「佛法以信為能入，智為能度。」要進入佛法海洋，首先必須有信，但要從佛法中得到利益，則必須依靠智慧（理性）。佛法修學包括「信、解、行、證」四個次第，也是以「信」做為進入佛門的第一步，再輔以「解」和「行」，最後才能達到「證」的目的。只有對佛法生起信仰，才會去認識和理解，才有能力去行持和實踐。反過來，對佛法有了深刻理解和切身實踐之後，才能使信仰得到進一步深化。

關於信仰與理性之間的關係，印順法師將其概括為：「佛法依正見而建立正信。」如果沒有正見為基礎，信仰很可能落入迷信乃至邪信中。佛教中還有一句話是：「有信無智（理性）長愚癡，有智無信增我慢。」辯證地指出了信仰與理

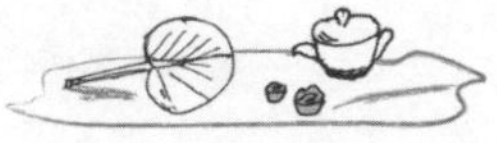

性的關係。

佛法是非常重視理性的，當然這是指正確而健康的理性。佛法修行以八正道爲綱領，其中又以正見和正思維爲要，也就是說，正確的認識和思考是修學佛法的必要保障。有了理性的指導，才能引發正語、正業、正命、正精進、正念和正定的修行。

雲海：在網上經常看到佛教徒與自然科學工作者之間的交流。一些佛教徒常在言語之間將科學工作者歸於「八難」中的「邪見眾」，引起了科學工作者們的強烈反感，並多次指出許多攻擊科學的佛教徒實際上不懂科學。

濟群：科學研究是人類認識世界的一種方式，本身說不上「正見」或「邪見」，關鍵在於指導科學研究的「見」是否正確。教界人士對科學工作者的責難，主要是和唯物論的知見有關。就科學研究本身來說，如果不執著唯物論爲基本出發點，而是本著求眞的精神對未知世界進行客觀探索，那麼雙方應該還是很有共同語言的。人們可以透過各種管道來追求眞理，也包括科學研究。如果一概加以否定，是壞人善根。即使對於知見不正的人，也應善意引導。

這一現象，還使我聯想到另一種極端。長期以來，很多人都將科學等同於眞理，而視宗教爲迷信，試圖以科學代替宗教。其實，這兩種想法都是極爲片面的。宗教和科學是兩個不同的領域，解決人生中存在的不同問題。科學是幫助我們認識物質世界，改善生存環境；而宗教則是建立社會道德，解決生死歸宿，兩者無法相互取代。所以，牛頓和愛因斯坦等許多著名科學家也都有宗教信仰。

覺照：有了宗教信仰之後，還能客觀地從事學術研究嗎？

濟群：許多研究宗教的學者都標榜自己沒有信仰，也常聽到一些學者說，雖然我不反對學生有宗教信仰，但我不希望他們在研究中介入信仰成分。這似乎都在表明，一旦擁有信仰，就會使學術研究失去客觀性。之所以會有這樣的觀點，應該和歷史上某些宗教對理性的壓制有關。

但佛教信仰和理性並不衝突。從佛法的角度來看，理性正是人類通達眞理、成就解脫的基礎。但我們也要認識到，理性往往是以個人的經驗、知識及好惡爲基礎，這就使它很難擺脫自身的局限。所以，學術界在很多問題上都莫衷一是，「此亦一是非，彼亦一是非」。

我認爲，從事佛教的學術研究，只有以信仰爲基礎，才能更客觀地認識佛教。如果不眞正走入佛教，怎麼可能透徹地認識佛教呢？長期以來，人們總是在某種思想觀念的指導下研究佛教，可想而知其客觀程度將會如何。何況，能夠透過書本和知識傳達的佛教內涵很有限，如果沒有修證體驗，幾乎不可能如實、客觀、深入地瞭解佛教。

《瑜伽師地論》曾說到四種眞實：世間極成眞實、道理極成眞實、煩惱障淨智所行眞實、所知障淨智所行眞實。學術研究只能達到道理眞實的層面，而聖賢們成就的是煩惱障淨智所行眞實、所知障淨智所行眞實，這是沒有宗教實踐的人永遠無法抵達的境界。

雲海：一般的宗教和科學一樣，都是帶有某些既不能被證實也不能被證僞的形而上學基本假設的，如果帶著某個基本假設來解釋另一個基本假設，兩個基本假設之間發生衝突的可能性就很大。這是科學研究的大忌！而佛教本來就不帶這種預設的形而上學假設，其基本的原則就是「如實知見」，因此信仰佛教是不會對科學研究產生障礙的。

宗教與社會進步

雲海：有些學者認為，非競爭性的佛教信仰是中華民族近五百年間不能自立於世界前列的根本原因。而其他佛教國家，如緬、泰、老、柬及斯里蘭卡等皆屬於不發達國家，中南半島文明發祥地的柬埔寨更是如此。現代社會是強者生存、崇尚競爭的社會。要完成中華民族復興的偉大事業，就要將佛教等「東郭先生」式的「軟骨頭」思想從中華民族的主體思想中清除出去。

願齋：這種觀點是站不住腳的。中華民族的主體思想基本由儒釋道三家構成，在歷史上曾為中華民族的數度輝煌立下汗馬功勞，如果說在過去的時代尚能如此，那麼在高度文明的今天，也應當能進一步發揮作用。事實證明，受這種思想影響的不

少亞洲國家和地區，如日本、韓國、新加坡、港臺等地，還有千百萬海外華人，都爲世界創造了繁榮。中國近代以來的衰弱，或許正和蔑視本民族優秀文化，盲目學習西方，提倡連西方都不以爲然的「達爾文主義」有關。有人接受進化論之後，就以此做爲衡量一切的標準。進化論對於動物界是適用的，但對於人類來說，近現代社會發生的腥風血雨，便和「社會達爾文主義」的氾濫不無關係。在文明的今天，究竟是提倡佛教的非暴力精神，還是主張弱肉強食的無情競爭更符合人們的願望呢？

濟群：佛教對社會的影響不可能是全部的，所以將國家興衰簡單歸罪於佛教是片面的。就中國來說，佛教雖然與傳統文化水乳交融，但眞正治國還是依儒家的思想。此外，也不能以經濟發達做爲衡量社會健康發展的唯一標準。

如果說佛教的消極在於強調了非暴力，難道現代社會還需要暴力嗎？這個世界已經有了太多的爭鬥，人類與天鬥、與地鬥、與人鬥，結果又如何呢？當我們鬥到筋疲力竭之際，又靠什麼來撫慰自己的心靈？

從經濟發展來看，西方國家固然更強大，但社會問題並沒有因此消除。所以說，一個健康的社會，應該是經濟和文化平衡發展的社會，是具有良好道德風尚的社會。至於佛教對於當今社會的作用，取決於佛教的思想能爲我們提供什麼樣的幫助。如果佛教能爲我們提供智慧食糧，爲世界帶來和平安定，那正是當今社會所需要的。

聞道：問題是，現在的世界和平就是靠武力來維持的。爲什麼中國在過去幾百年一直遭受侵略？就是因爲我們經濟落後，正所謂「落後就要挨打」。

濟群：目前，人類擁有的核武器足以把地球毀滅幾十次，透過發展核武器來互相制衡，是制止戰爭爆發的唯一可行方法嗎？我們怎樣才能保證這些核武器會得到安全的保存？事實上，世界多一件武器，就多一個不安定因素，多一個引發戰爭的導火線。所以說，再先進的武器也只能使世界變得更加危機四伏，而不是和平安定。美國的「九一一」事件就足以使我們警醒。他們的經濟可謂發達，武器可謂精良，仍然無法避免這樣的災難。正如一行禪師所說，世界和平是始於人類內心

的和平。

聞道：佛法中所說的「不」「空」「無」，是否會使我們脫離現實社會呢？如果所有人都接受這樣的觀念，是否會導致社會停滯不前呢？

濟群：現代人喜歡談進步和發展，在我們的想像中，進步和發展總是比落後要好。而我們所談的進步和發展，又往往局限於經濟和科技。在這樣的浪潮中，純樸的民風、傳統的美德、悠閒的心境都在漸漸失去。以失去這些爲代價的發展，是否值得呢？因爲人類的幸福，更在於良好的心態和健康的身體。

而佛經中所說的「不」「空」「無」，並非我們理解的一無所有。佛教所說的「空」，是要否定我們錯誤的認識和執著，因爲這正是我們的煩惱之源。倘能認識到存在的一切都是緣起、無自性空，一切都是因緣的假相，那麼生活中的任何變化都無法傷害我們，我們才能更從容地面對人生。

覺照：健全的法律和良好的社會制度能取代宗教嗎？

濟群：西方人文主義的興起，就是對中世紀神權統治的否定，認爲透過良好的社會制度就可解決一切問題。經過幾百年的努力，雖然社會制度已日趨完善，但各種問題還是層出不窮。因爲健全的法律只能制裁犯罪，卻不能消除犯罪；良好的制度只能減少導致犯罪的因素，卻不能消除實施犯罪的動機。可見，社會問題歸根到底還是個人的問題。如果我們的內心無法獲得寧靜，如果我們的行爲失去道德準則，社會又怎能出現安定的局面？

信仰的現象分析

願齋：前面說過，燒香禮佛的現象往往帶有迷信色彩。那麼，這些行爲能否將我們導向眞正的宗教信仰呢？

濟群：信仰是尋找一種終生的依賴，這種依賴將貫穿我們整個人生。所以，當我們確定自己的信仰時，往往需要舉行某種儀式。如基督教的洗禮，佛教的皈依。凡沒有經歷這一過程的，不能算作眞正的基督徒或佛教徒。

就佛教來說，皈依的關鍵在於宣稱三皈的時刻，即「盡形壽皈依佛、盡形壽皈依法、盡形壽皈依僧」。這是我們選擇佛教做爲信仰後宣告的誓言，直接關係到我們能否獲得教徒的資格。當然，成爲合格的佛弟子還須遵行相應的戒律，如佛教的五戒等等。這才是區別佛教徒與非佛教徒的標準。

至於那些不曾皈依受戒而只知燒香禮佛的人，或是出於朦朧的宗教需求；或是停留在民間信仰階段，對寺院、道觀、神廟都一視同仁地頂禮膜拜；或是純粹的功利行爲，抱著寧可信其有不可信其無的態度來投機。嚴格地說，都不屬於宗教信仰的範疇。當然，若以虔誠心禮佛，也能因此獲得內心安寧，並種下善根和福德。而在親近三寶的過程中，也有更多的機會接觸到正信的佛教。

覺照：有些人是因爲事業或感情受到挫折才轉向宗教尋求安慰，應該如何看待這種信仰的動機呢？

濟群：每個人都有自己尋找信仰的契機，但這只是出發點，關鍵是在此基礎上引發正確的信仰。從佛教的角度來說，如果只是因爲遭遇挫折而尋求心靈安慰或精神寄託，並不是佛教所提倡的發心，很難引發健康的信仰，對我們探索眞理也不會有切實的幫助。

不可否認，苦難和挫折也是引發信仰的因素。因爲人生有種種苦難，我們才會生起離苦得樂的願望。生命是脆弱的，佛陀當年也正是有感於世間生老病死的痛苦才發心求道。所以，信仰並非逃避現實的手段，而是改善人生、探索眞理的動力。

願齋：一個人是否可以擁有多種宗教信仰呢？

濟群：這通常是因爲信得不深。如果信得很深，自然不會這麼雜。許多宗教都有強烈的排他性，佛教雖然比較包容，但也要求專一。比方說，即使我們同時擁有幾處房子，但睡覺也只能在一個地方，如果整夜在各處遊走，勢必無法安眠。信仰是爲了尋找歸宿，而眞正的歸宿應該是唯一的。

覺照：有些人覺得佛教信徒中，文化層次還是偏低。這一現象說明了什麼？

願齋：我們所接受的教育對宗教始終持批判態度，這使很多知識份子視佛教爲迷信，自然也就很難信佛。相對而言，沒有多少文化的人不易受到意識型態的影響。但

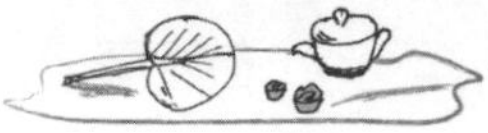

西方的佛教徒往往文化層次較高，說明這種現象只是地區問題，而不是佛教本身的問題。

雲海：五四運動前，儒家是中國的主流文化，它對佛教也是排斥的，所以受過教育的人對佛教普遍有牴觸情緒；而沒有受過教育的人，這種牴觸情緒就小得多。久而久之，就使人們誤以爲佛教只是「低」層次的人所信。

東南亞泰、緬等佛教國家，佛教傳入幾乎與文明進程同步，因此以佛教爲基礎的人天乘善法自然成了這些民族的主流知見。緬、泰等國幾乎全民信佛，不管文化水準高低，對佛教的信仰都被當作光榮的事。藏地的情況與此相似，甚至歷史上的文化菁英也多爲僧人。但是在漢文化圈子中就不同，因爲漢文明本身的知見是和佛教相牴觸的。

濟群：佛教信徒的文化層次偏低，只是特定時期的特殊現象，是人們對佛教的隔閡與無知所造成。在古今中外的社會菁英中，信仰佛教者比比皆是。從另一個角度來說，佛教具有博大的哲理體系和嚴密的思辨邏輯，假如沒有精深的學養，也很難步入佛教思想的殿堂。

覺照：從現狀來看，佛教徒中女性占了相當比例，這一現象又說明了什麼？

雲海：女性富有慈心和同情心，在逆境中的忍耐力較強，於佛法也容易生信。但由於受「三綱五常」等封建專制流毒的影響，傳統模式的中華女性在心智方面存在很多缺陷：如拒絕理性思維、依賴性強、意志薄弱等等。這對有志於修學解脫道的女性來說都必須重視，否則就會出現「能信而不能行」「信而無解」或迷信等令人遺憾的結果。佛教光有信仰是不夠的，更重要的是依教奉行。

濟群：從總體上看，學佛的女性的確比男性多。因爲女性感情細膩，比較容易感受人生痛苦。此外，女性更需要尋找依賴，而男性則相對獨立，容易自以爲是。再有一個原因是，男性事業心強，當他沉溺於事業時，根本無暇考慮人生問題。相對來說，女性有更多時間和機會去接觸佛教。

願齋：常聽人說：「學佛一年，佛在眼前；學佛三年，佛在西天。」爲什麼會出現這種信仰淡化的現象？做爲一個佛教徒，應該如何堅定自己的信仰？

覺照：當今社會對人的誘惑實在太大了，如果一個學佛的人沒有法喜，得不到佛法的眞實利益，信仰必然要受到衝擊。其次，發心不正、動機不純也是一個重要因素。佛教最終是要解決苦的問題，但我們對苦的認識往往很膚淺。僅僅透過書本認識苦是遠遠不夠的，我們必須在現實人生中親身感受並體驗自己和他人的痛苦。苦難能呼喚人的信仰，增強人的道心。

濟群：佛教信仰應以出離心和菩提心爲基礎，這也是我們堅守信仰的重要保證。很多人雖然信仰佛教，但從未生起過出離心和菩提心，或者在初發心之後逐漸將它們忘失了。原因在哪裡呢？心的活動需要因緣去滋潤。過去的修道人非常重視無常觀和不淨觀的修習，就是爲了鞏固自己的出離心。如果我們平時深陷於世俗環境和欲望需求中，久而久之，心就會進入世俗的軌道。同樣，菩提心也要透過不斷的觀想和實踐來深化。而漢傳佛教在這兩方面都做得很不夠。

信仰還要建立在對佛法義理的認識之上。很多人之所以會信仰淡化，關鍵在於他們的信仰本身比較盲目，對佛法缺乏足夠的認識。換句話說，信仰並未在他們的思維中扎下根來。如何使我們的信仰得到鞏固？或者是透過理性認識，或者是透過實踐證得，或者透過感應道交。如果既沒有勝解，也沒有實證，又沒有感應，信仰自然就會逐漸空洞，最後淡化或退失也就不奇怪了。即使表面沒有放棄信仰，也會落入「習慣性的麻木」，甚至逐漸轉向對世俗名利的追求。

所以，要依正見建立正信，佛法與外道的不共之處就是正見。但對於信仰的實踐，不能僅僅停留在思想認識上，它需要我們去身體力行。如果有正見的指引，再輔以出離心和菩提心，信仰就能不斷得到加強和鞏固，不斷得到深化和昇華。

3
信仰與人生

—— 二〇一七年冬講於漳州賓館

人生是學習的過程，成長的過程，也是不斷解決問題的過程。可以說，我們從小到大的所有學習，最終都是爲了解決問題。即使純粹出於興趣的學習，也是在解決精神需求。而對每個問題的解決，又會成爲人生路上的足跡，將我們導向不同的未來。

有句話叫作「活到老，學到老」。這種學習是永無止境的，因爲人生總有新的問題需要解決，除非你故步自封，不想提升。事實上，一旦停止學習，人生也就失去了活力。自上世紀六〇年代以來，在聯合國教科文組織等機構的大力提倡下，終身學習和終身教育的概念，已在世界範圍內形成共識。

究竟應該學什麼？取決於我們需要解決的問題。人生問題林林總總，大體可分爲兩類：一是現實的問題，一是永恆的困惑。現實問題包括基本生存、家庭、感情、事業、地位和人際關係等，是每個人都要面對的。但這並不是人生的全部，做爲萬物之靈，人類有別於其他動物的關鍵在於，我們還會追問生命眞相——我是誰？生從何來，死往何去？活著的意義是什麼……這些永恆的困惑，並沒有隨著科技發展找到答案。

人們曾經以為，科學會解釋一切並最終取代宗教。事實上，在人類可以探索太空並不斷有最新發現的今天，我們對自己的認識依然模糊不清，對內心的煩惱依然束手無策，對人生的目標依然無從確定。這就離不開對宗教的瞭解，因為它給我們指明了一條向內尋找的道路——由調心，而安身立命；由修心，而明心見性。

從原始社會以來，信仰伴隨了人類社會的發展過程。流傳至今的，有佛教、基督教、天主教、印度教、伊斯蘭教、道教及各種民間信仰。據有關統計，在全世界七十多億人口中，有信仰者約占百分之八十，其影響體現在方方面面。就個人而言，主要在於人生觀、價值觀、世界觀的形成，及為人處世的方式。

以下，重點從佛教的角度，探討信仰與人生的關係。

信仰可以建立道德準則

說到宗教信仰，和道德密不可分。可以說，宗教是世界各民族建立道德準則的基石。可能有人覺得宗教是形而上的，並不是生活必需，但他們需要道德嗎？需要和諧安定、彼此信任的生活環境嗎？在一個社會中，如果不講道德，缺乏做人規範，終將導致人人自危的結果。事實上，這正是我們面對的現狀。爲什麼今天會有層出不窮的負面新聞，有種種讓人嘆息甚至恐懼的不良風氣？究其根源，就在於道德缺失，在於我們對道德的認識不足。

中國傳統社會是以儒家宗法制爲基礎。在這個背景下，道德是維繫人與人、人與家庭、人與社會等一切關係的行爲準則。也因此，道德似乎只是社會的要求，而非個人所需。

這種觀念會帶來什麼結果？當大家都遵守道德時，我們也會這麼去做，但只是爲了遵守約定俗成的規則，並不是自覺的選擇。所以當大家都不遵守道德時，也就不必循規蹈矩了，甚至會覺得，遵守道德就意味著吃虧。我們能看到財富、房子、汽車的價值，看到眼前實實在在的價值，卻看不到道德蘊涵的價值。這使得我們在沒有利害關係時，還願意談一談道德；一旦面對利害衝突，需要在道德和利益之間做出選擇時，就會輕易捨棄道德。問題是，當人人都爲一己私利不顧道德時，我們還能相信什麼？

如何才能重建道德，使之成爲人們的第一選擇，而不是用來說說的口號？關鍵是認識道德的價値。只有認識到位，才能在生活中自覺踐行。說到價値，離不開道德的思想基礎。

立足於世間哲學

從世間哲學的角度，道德和高尙理想有關。有正向的人生追求，才會遵循相應的道德準則。儒家推崇的有德君子，就是做爲道德標竿的存在。最基本的，是踐行仁、義、禮、智、信五常，並具備自省、克己、愼獨、寬人等素養。千百年來，「君子喻於義」「君子坦蕩蕩」「君子成人之美」等關於君子的描述，始終被人們用作對美德的讚揚，對自我的期許。而在「立德、立功、立言」的三不朽人生中，也以「立德」爲最高境界，勝於文韜武略，世間功名。

在這樣的文化傳統中，人們嚮往君子之德，就會自覺遵循道德，因爲那是成爲君

子的途徑，於己是見賢思齊，於人能得到肯定。但脫離這一背景，道德就會被架空。曾幾何時，社會上甚至流行起「道德多少錢一斤」的調侃。之所以這樣，是因爲在人們心中，財富成了最迫切、最重要，甚至壓倒一切的目標，而道德已得不到什麼養分。不僅如此，在欲望的驅動下，各種不道德行爲反而肆意生長。

想要改變這一狀況，必須重建價值體系。當有德君子眞正受到推崇，目標導向才會隨之改變。這是以結果糾正行爲，就像社會上開始重視學歷後，學測、會考甚至小學升國中都成了大家關注的熱點。但在今天這個金錢至上的時代，僅僅依靠思想引導來提倡道德，似乎有些力不從心。

立足於對神的信仰

除了哲學，道德也來自對神的信仰。如基督教國家是依對上帝的信仰建立道德，伊斯蘭教國家是依對眞主的信仰建立道德。自美國建國以來，總統和首席大法官在就職儀式上，都要手按《聖經》宣誓。這種集宗教、道德、法律含義於一身的儀式，充

分說明了宗教和道德的密切關係。

人們相信宇宙中有萬能的主宰神，既決定現世幸福，也決定未來歸宿。只有信仰神，遵守神的旨意和相應道德規範，死後才能進入天國，與神同在。否則就會墮入地獄，被不滅的烈火所懲罰。這是把信仰、道德和人生幸福形成捆綁——想要得到今世乃至永生的幸福，就必須信神並遵守道德。

可以說，這種道德有著強大的背景，但它的弊端也在於此。如果你不信萬能的神，依此建立的道德就會失效；如果你半信半疑，道德的力量同樣會被打折。所以當神的權威不斷受到挑戰後，即使是傳統的基督教國家，由信神帶來的道德約束力也在隨之減弱。

立足於人性論和因果觀

與神教的區別在於，佛教不認爲宇宙中有萬能的神，其道德觀是依託佛陀揭示的生命發展規律而建立——那就是人性論和因果觀。這也是佛法對人和世界的認識。

首先是人性論，基於對自身的認識，說明人爲什麼要遵循道德。每個人都希望成爲更好的自己，成爲智慧、幸福、安樂自在的人。那麼，怎樣讓自己變得更好？佛法告訴我們，每個人的存在都是五蘊假合，由一大堆想法和情緒組成。由不同的觀念，造就我們的心態，再由心態造就人格和生命品質。

其中，善心所和道德行爲可以造就健康的人格、高尚的生命品質；而不善心所和不道德行爲，則使人格和生命品質由此墮落。從心行的產生，到人格的建立，不是佛菩薩說了算，而要遵循客觀規律，也就是我經常說的「心靈因果」。這種因果是即時的，當下就能感受到；同時也在不斷積累，並由這種積累影響未來的生命走向。也就是說，道德行爲具有現前和究竟兩種利益，反之亦然。

當我們認識到，善行能使自己得到正向成長，而不善行會在生命中留下不良紀錄，基於對自己的負責，就會自覺選擇道德行爲。這不是爲了做給誰看，不是迫於社會壓力，也不是害怕某種外在力量的懲罰，而是爲了成就更好的自己。現代人注重養生，但只是在色身下功夫，不知道修心才是根本，遵循道德才是保健。這才是由內而

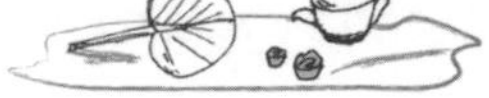

外的養生，是從今世到盡未來際的養生。

所以說，佛教是基於人性論和因果觀來確立道德的價值。這種道德觀不需要借助外在權威，而是可以從自身實踐來檢驗的，在當今社會更具有普世性，更容易爲大眾所接受。它不僅有利於個人成長，也有利於社會和諧。比如佛教提倡的五戒十善，於人於己都有莫大利益。只要多一個人遵循不殺生、不偷盜、不邪淫、不妄語、不兩舌、不惡口、不貪、不瞋、不癡的道德行爲，社會就會多一份安定。

當我們在遵循道德的過程中，感受到這些行爲對自身和社會的改變，就會因此得到正向激勵，產生進一步實踐的動力。這種精神力量不是物質能給予的。所以從佛教的道德觀來說，個體價值和社會價值是相互增上的。如果不落實到個人，只談道德的社會價值，很難使人長期、自覺地堅持；如果不落實到社會，只是嚴以律己的個人道德行爲，作用難免局限，缺乏普世價值。

信仰可以引導精神追求

現代人熟悉物質追求，從房子、汽車，到衣服、食物，「買買買」已是生活常態。而網購的普及，更使人不受任何制約，隨時可以線上購物。在滿足生活所需的同時，也能借此排遣空虛，緩解壓力。所以，對物質的追求正以幾何級數增長。但說到精神追求，多數人會覺得有些陌生、抽象，甚至過時。

那麼，物質可以解決一切嗎？事實上，今天的人並沒有因此滿足，反而日益迷惘。在過去的窮困年代，我們以爲有錢就能幸福。現在很多人有了錢，有了房，有了車，有了以往希求的種種，爲什麼還是不幸福？問題就在於，沒有健康的心態。

幸福是由心感受的。當內心焦慮、恐懼、缺乏安全感的時候，當內心有種種疾病的時候，是沒有能力感受幸福的。我們知道疾病會損害健康，同樣，心理疾病會破壞幸福，是幸福的天敵。

近年來，政府也在大力提倡兩個文明建設。因爲隨著物質條件的改善，心理問題

正日益顯現，到了不容忽視的程度。那麼，怎樣才能建設精神文明？必須有健康的精神追求，包括對永恆問題、完善人格和文化藝術的追求，這都離不開信仰。

對永恆問題的追求

首先，是對永恆問題的思考。比如我是誰？何爲命運？活著爲什麼？生從何來，死往何去？世界的眞相是什麼？這是哲學和宗教致力解決的。可能有人會說：爲什麼要想這些？對我的生活有什麼意義？事實上，這是讓我們從一個高度來審視人生。在茫茫宇宙中，在億萬年的時間長河中，這短短的一生，不過是剎那生滅的瞬間，到底用來做什麼，才能不負此生？如果沒有高度，我們是看不到人生意義的，不過是茫茫然地隨業流轉。

答案在哪裡？世間科學主要是解讀物質現象，而哲學和宗教是探討世界本質，但方法各異。其中，哲學是透過理性和思考認識世界，是玄想而非實證，無法直達本質。所以從古希臘開始，哲學家們從不同角度，不斷推翻之前的理論，至今莫衷一是。而神教把一切終極答案歸於造物主，對非信徒來說，其實是屬於「不可知論」。

佛法告訴我們：要解答這些永恆問題，必須開發生命本具的智慧，向內而非向外探尋。這是佛陀在菩提樹下證悟時，以智慧親見的眞相。學佛，就是在佛法指引下，像佛陀那樣，以追求眞理、走向覺醒爲己任。具有這樣的精神追求，我們才能活得明明白白，才不會在渾渾噩噩中虛度。

對完善人格的追求

其次，要造就健康的心態、人格和生命品質。說到完善人格，離不開對心性的認識。在中西方哲學中，關於人性是善是惡，自古就有很多爭議。儒家說「人人皆可以爲堯舜」，也說「人異於禽獸者幾希」。如果想要成聖成賢，就要從誠心、正意、修身開始，進而齊家、治國、平天下。

佛法同樣認爲衆生有兩面性，既有佛性，有覺悟潛質，也有魔性，有三毒煩惱。究竟成佛成魔？取決於對人性的正確認識，也取決於我們發展什麼。在修行成就之前，我們被魔性牢牢掌控，被貪婪、仇恨、嫉妒、自私等不良心理主導，不斷地製造煩惱，輪迴生死。但佛陀證悟時發現：眾生皆有如來智慧德相，有自我拯救的能力。這個發現使生命充滿希望，也是佛陀帶給人類最大的價值。

我們想要成就佛菩薩那樣的生命品質，就要透過修行擺脫魔性，完善人格，進而修定發慧，所謂「仰止唯佛陀，完成在人格」。

對文化藝術的追求

第三，是對文化藝術的追求，屬於現世的精神生活，同樣和信仰密切相關。西方藝術史中，很多著名作品直接取材於天主教、基督教的教義，大量的壁畫和雕塑，本身就是爲教堂創作的。中國傳統藝術中，從石窟造像到唐人寫經，也是人們爲表達對佛教的虔誠所作。可以說，它們都是服務於宗教，是對信仰的供奉，只是附帶成了藝術品。

中國的書畫、詩文講究意境。所謂意境，就是思想境界，這也離不開佛法。因爲儒家文化重視現世，缺少離俗的超然、出世的自在，所以很多古代文人都喜歡誦讀佛經，透過《心經》《金剛經》《維摩詰經》《六祖壇經》的法義提升心境，反映到作品中，自然格調高遠，不同凡俗。來自佛法的影響，在王維、柳宗元、蘇東坡、王安石等歷代大家的作品中隨處可見。

總之，從探索永恆、完善人格到文化藝術，不同層面的精神追求都離不開信仰。對國人來說，佛教自傳入以來，既彌補了中國本土文化的不足，也極大地豐富了人們的精神生活，有著不可替代的重要地位。

信仰可以使人心態超然

很多人嚮往超然的心態，嚮往詩和遠方。因爲在生活中，對感情、事業、家庭、人際關係的執著，給我們帶來種種煩惱和壓力，讓人不堪重負。進一步，我們還會對這些執著對象產生永恆的期待，無法面對它們的變化，更不能接納失去的痛苦。這就使得我們擁有愈多，反而愈焦慮，愈恐懼，愈沒有安全感。因爲擁有愈多，變化的概

率就愈大，失去的機會就愈多，遭受的打擊也愈頻繁。

而今天又是一個瞬息萬變的世界。過去的人，可以幾十年在一處安居樂業。但在全球化的時代，各國發生的事件都可能波及世界，帶來一系列連鎖反應。同時，現代人的活動範圍日益增大，每天乘車搭機，奔波在不同場所。這都使得生活中充滿不確定、不安全的因素。

如果我們對外境過分依賴，就會恐懼變化，每天在患得患失中，活得很累。怎樣才能在無常的世間保有超然，雲淡風輕地面對一切？是需要智慧的。

以緣起法審時度勢

儒家關心現世成就，看重成家立業、榮華富貴，當我們有這樣的定位，必然會對家庭、感情、事業產生依賴。有道是「人到無求品自高」，只要有所求，有所依賴，就會被所求對象的變化左右，不得自在。

而佛教對人生的認識，主要體現在輪迴觀和心性論，正好彌補了儒家文化的不足。輪迴觀，讓我們看到生命的長度。生命不只是這一世，還有無始的過去和無盡的未來。心性論，讓我們看到生命的深度。生命不只有感覺到的六識，還有感覺不到的潛意識，儲藏著曾經發生的一切生命經驗。所以不必糾結於一時得失，而要從更高的角度審視生命，看到現在擁有的一切，是遵循因緣因果的規律，所謂「緣聚則生，緣散則滅」。

世間所有現象，包括人自身的存在，都是由眾多條件決定的，是條件關係的假相。因緣和合，事物就顯現；因緣消散，事物就敗壞。因爲一切是緣起的，只要其中一個條件變化，結果就會隨之變化。所以變化才是常態，不必害怕，更不必拒絕。

事實上，變化也意味著機遇，好的固然可以變壞，壞的同樣可以變好，關鍵是我們創造什麼因緣。佛教所說的隨緣，就是以智慧審時度勢，根據當下因緣做出最佳選擇，然後在因上努力，並接納任何結果。成功固然值得歡喜，失敗也不是最終結束，而是可以做爲新的起點，繼續在因上調整。

從緣起法認識空性

緣起的另一個內涵是無自性，也就是空性。關於此，《心經》的解讀是：「色不異空，空不異色；色即是空，空即是色。」色是指存在的現象，從本質上說是空的，只是條件關係的假相。此外，《金剛經》的「一切有爲法，如夢幻泡影，如露亦如電，應作如是觀」也告訴我們：過去發生的一切，不管多麼風光還是失敗，就像曾經的一場夢。只不過在這夢中，還會伴隨各種影像和愛恨情仇。當我們眞正看清事物的眞相後，還會那麼在意得失嗎？

除了在認識上看破有爲法的虛幻，我們還要透過禪修證悟空性，進而安住於空性。這樣的話，我們同樣可以工作生活、待人接物，但沒有任何黏著，也就是《金剛經》所說的「應無所住而生其心」。當心沒有黏著時，就像虛空一樣，儘管有雲彩飄來飄去，但虛空是如如不動的，不會被干擾；也是湛然澄澈的，不會被污染。

其實，心本來就有無住的智慧，有不黏著的能力，只是被無明遮蔽。佛教所說的明心見性，就是讓我們透過修行證悟空性，開啓這種智慧和能力。那麼在面對各種念頭和外境時，就能時時保有超然。

當我們眞正體證空性，安住於空性，不僅能接納現實中的一切變化，即使是面對生死，也能自在無礙。過去很多祖師大德能坐脫立亡，並不是什麼神話，而是體證了不生不滅的覺性。對他們來說，生不是開始，死也不是結束，哪有什麼可害怕的呢？當生死都不在話下，還有什麼可焦慮的呢？

漢魏之後，儒釋道成爲中國文化的主流。其中，佛教雖然屬於外來文化，但傳入中國兩千多年以來，對哲學、文學、藝術產生了全面影響。我們今天學習中國傳統文化，一定離不開佛教，否則是不完整的。

中國人很有福報，既接受了儒家思想，能積極入世；又接受了佛法智慧，能保有超然。如果沒有出世的情懷，那麼得意時會執著，失意時會受挫，都會讓人很累。但能以出世心做入世事的話，得意時不執著，失意時不在乎，不論世間如何流轉變化，都能成爲修行的功課，安然接納，歷境鍊心。這是何等自在！所以說，不論我們從事什麼行業，佛法這種安心的智慧都是大有裨益的。

信仰可以培養慈悲大愛

大愛是相對小愛而言。小愛即世間的親情、愛情、友情，是人們熟悉並追求的，包括父母、兄弟姐妹、妻子丈夫等親緣關係，及朋友、同事等社會關係。這些圍繞自我建立的小愛，固然會給人們帶來很多快樂，但問題同樣在於這個「自我」。

因爲人有自私的本性，即佛教所說的我執。當一個人過分在乎自我、一切以自我爲中心的時候，就會與他人造成對立。在社會新聞中經常可以看到，即使在父母和兒女、丈夫和妻子等至親之間，也會因意見不和、財產糾紛而對簿公堂，甚至大打出手。至於兄弟反目、朋友恩斷義絕、合作夥伴相互坑害之類的矛盾，更是屢見不鮮。當人們與身邊親友都無法和諧相處時，也給整個社會帶來了戾氣。

從另一方面來說，隨著經濟的發展，貧富懸殊日益增大。當雙方都不能正確看待和使用財富時，這種差距很容易引發對立，使一些人產生「仇富」心態，影響社會安定。

如何才能解決這些問題？特別需要宣導愛的教育，讓人們學會愛，進而從小愛提升爲慈悲大愛。只有更多的人投身公益，不是靠少部分人做，而是在全社會形成互助的風氣，才能減少貧富對立，給社會帶來溫暖。這就離不開文化的影響。

有我之愛是有限的

從某種意義上說，人就是文化的產品。其中包括學校的教育，也包括家庭、社會、書籍的影響，它們共同造就了我們的人生觀、世界觀、價值觀，影響了我們的生活方式，決定了我們會成爲什麼樣的人。

在中國傳統文化中，儒家講究倫理綱常。「五倫」就是針對父子、君臣、夫婦、兄弟、朋友五種基本人倫關係，提出「父子有親，君臣有義，夫婦有別，長幼有序，朋友有信」的相處之道。此外，儒家特別強調仁愛。孟子說「惻隱之心人皆有之」，這種愛並不關乎親緣，而是出自人的良善本能。進一步，還要將這念人人具足的惻隱

之心向外延伸，發揚光大，從關愛親友到關愛社會。但儒家在宣導「仁者愛人」的同時，還提出「愛有差等」。可見這種仁愛雖然廣大，卻是有差別的，是根據和「我」的親疏遠近、利益關係來分配的。

基督教宣導博愛，並積極從事慈善事業，幫助貧苦大眾。但被愛的只是人，卻把同爲生命的動物當作人的食物。即使在人類中，被愛的也只是教徒，而同樣是人的異教徒卻受到詛咒。此外，因爲一神教的排他性，還會引發宗教之間的戰爭。這些矛盾都和「我」有關。

只要有「我」，就會有自己和他人的分別，有親疏、好惡的分別，有民族、國家的分別。當內心有這些界限，就會產生二元對立，彼此衝突。所以說，有「我」的愛，再大也是有限的，不能遍及一切。

無我才能慈悲大愛

佛教所說的慈悲大愛是平等的，無分別的，只要有一個眾生被排除在外，就不能圓滿慈悲。怎麼做到這一點？最重要的理論基礎就是無我。因爲無我，才沒有我和他的分別，沒有親疏，也沒有任何對立。這樣才能徹底利他。大家聽到「無我」不要恐慌，這不是說你不存在，而是要否定我們對自己的錯誤認定。

這就需要智慧的引導，幫助我們眞正找到自己，同時體會到，「我」和六道眾生本來就是一體的，在本質上是相通的。否則的話，我們可能會覺得：眾生和我有什麼關係？我對眾生不感興趣，爲什麼要利益他們？這麼做對我有什麼意義？

只有體認無我的智慧，認識到自己和眾生本是一體，利他才會成爲必然的選擇，因爲幫助眾生其實就是幫助自己。就像我們的腳受傷，手自然會去幫助，不會覺得「我明明是手，爲什麼要幫腳」，也不會有任何利害、得失的考量。

菩薩之所以能無緣大慈，同體大悲，正是把眾生和自己視爲一體，就像手和腳那樣。只要眾生有需要，有困難，便會自然而然地心生慈悲，無條件地給予幫助，沒有任何期待，不求任何回報。這樣的慈悲是無限的，沒有一個眾生是菩薩不願幫助的。這就是大乘的菩提心，是一種崇高的利他主義願望——我要走向覺醒，並幫助一切眾

生走向覺醒、離苦得樂。生起這種願望，才是成爲大乘佛子的標誌。

除了發願，更要透過不斷練習，把菩提心的修行落到實處。慈悲，就是與樂拔苦。從調動惻隱之心開始，到培養仁愛之心，圓滿慈悲喜捨四無量心。這種修習是有次第的，從對一個人練習，到對十個人練習，到對百人、千人、萬人練習；從對有關係的人生起慈悲，再對沒關係的人生起慈悲；從對喜歡的人生起慈悲，再對不喜歡的人生起慈悲；從對人類練習，再對一切眾生練習。在座上座下的練習過程中，不斷超越我執，超越貪瞋、好惡、有限的設定。

關於慈悲大愛，佛教和儒家、其他宗教最大的不同，就在於是否「無我」。只要有我，就會帶來不同的局限；只有無我，才能生起無限的慈悲。

信仰可以解決生死歸宿

國人避諱談「死」，視之爲不吉的話題。又或者，總覺得死是別人的事，和自己沒什麼關係。我們在世上忙來忙去，拚命賺錢，拚命做事業，即使有了這輩子花不完的錢還不夠，仿佛可以永遠活下去，永遠賺下去。從來沒想過，死亡必然到來，也必然會帶走這一切。但什麼時候死是不一定的，可能是明年，也可能是明天，甚至可能是下一秒。那些猝死的人，如果想到生命會戛然而止，還會那麼奮不顧身地追求，不爲死亡做一點準備嗎？遺憾的是，很多生命就這樣猝不及防地走了，而且愈來愈年輕化。

當我們聽到這樣的新聞，看到身邊親戚朋友的死亡，內心會不會有一種恐慌？在西園寺和心理學界聯合舉辦的「佛法與心理治療」論壇上，與會者曾就「死亡焦慮」的主題展開探討。我也代表佛教界做了講座，透過對《心經》的解讀，闡述了佛教的生死觀。不少與會心理學家聽後表示，佛法對死亡問題的解決最爲徹底。

如果我們從來不思考死亡，也不爲死亡做任何準備，一旦死亡來臨，就會痛苦、茫然、不知所措，最後在搶救和折磨中無奈離去。這是很多人的生命結局，是不是有些悲哀，有些草率？難怪古人把「好死」列爲五福之一。

怎麼才能無憂無懼地安然離世？就要瞭解死亡的眞相、未來的歸宿。我們現在所

受的教育，不管唯物論的「人死如燈滅」，還是儒家的「未知生，焉知死」，都沒有解答這個問題。那麼，死眞的是一了百了嗎？眞的不需要做任何準備嗎？很多人年輕時還覺得無所謂，但年齡漸長之後，「怎麼死？去哪裡？」的惶惑就會時常浮現心頭。

探尋死亡眞相，解決死亡問題，不僅是我們今天面對的，也是佛陀當年出家的原因，是佛法修行的重點。佛陀之所以放棄王位而出家，就是看到老、病、死的痛苦。從死亡的角度審視，不論青春、美貌還是財富、地位，都是過眼雲煙，分文不值，所以他決定去追求生命永恆的價值。經過六年苦行，最終在菩提樹下證悟不生不滅的境界。那麼，佛教是怎麼認識死亡的呢？

死亡並不是結束

佛陀證悟時發現：生命不只是這一生，而是在無盡的流轉中，由生向死，死而復生。今生只是生命延續中的一個片段，就像一片浪花。這一期的生死，也不過是一片浪花的生滅而已。浪花有生有滅，但大海如如不動。如果認識不到生命的大海，而是活在浪花中，覺得浪花就是一切，就會被浪花的生滅左右。如果我們能從生命之海來看生死，體會到生命的無限，而不是局限於浪花，就不容易焦慮了。

中國的悟空號發現，在宇宙中，我們看到的物質世界只占百分之五。此外，暗物質占百分之二十七，暗能量占百分之六十八。心理學家也說，生命有意識和潛意識兩個層面。其中，意識只是露出海面的冰山一角，潛意識才是深藏海底的巨大山體。這都說明，我們的視野非常有限。學佛，就是幫助我們開啓智慧，從宏觀的視角認識生死。

除了輪迴，佛法所說的涅槃、往生和菩薩道思想，爲我們指明了生命的眞正歸宿。很多人把涅槃等同於死亡。其實，涅槃是對迷惑煩惱的徹底平息，是證悟不生不滅的境界，包括有餘依涅槃和無餘依涅槃。前者的五蘊果報身還在，後者才是灰身泯智，意味著色身的消亡。所以涅槃不等於死亡，活著一樣可以證悟涅槃。

淨土法門也是解決死亡焦慮的重要途徑。對於修行人來說，如果今生沒能證悟怎

麼辦？阿彌陀佛所發的悲願，讓學人可以透過信願行積累資糧，由一心念佛，借助佛力往生極樂。那是無限安樂的所在，是阿彌陀佛對眾生的慈悲接引。所以念佛人把死亡稱為「往生」，是脫胎換骨的新生。看到這樣的光明前景，還會畏懼死亡嗎？還會有任何不捨嗎？

此外，菩薩的無住涅槃是在證悟後為大悲所驅動，繼續在輪迴中救度眾生。菩薩道修行要建立無盡的悲願，以輪迴為戰場，在十方世界不斷地救度眾生，幫助眾生從迷惑走向覺醒。正如〈普賢行願品〉所說：「虛空界盡，眾生界盡，眾生業盡，眾生煩惱盡，我此願望無有窮盡，念念相續，無有間斷，身語意業，無有疲厭……」這是何等的氣勢，何等的願力！有了這樣的願力，就會根據眾生的需要隨類化身，哪裡需要就到哪裡，轉被動受死為主動選擇，轉生死焦慮為悲願無盡！

臨終關懷

臨終關懷，是幫助人們面對死亡的方法。哲學家說，哲學是為死亡做準備。其

實，宗教更是爲死亡做準備。佛教中，「念死無常」是修行人必須具備的基本認知，既是正行，也可以是一切法門的前行。眞正的修行人，時時都在爲死亡做準備。想到死亡隨時都會發生，就不敢有任何懈怠。

佛教把生命分爲四個階段，生下時是生有，在世時是本有，死亡時是死有，此生結束到下一生之間叫作中有，就像在世間結束一份工作，還沒找到下一份工作的中間階段。當一個人離開世界時，如何從此生過渡到下一生？是什麼在決定生命去向？除了往昔業力，臨終一念也很關鍵。

如果生起善心，就能使善業盡快成熟；如果發願往生，資糧具足，就能蒙佛接引；如果臨命終時被人各種惱亂，生起強烈的貪著或瞋恨，就會墮落惡道。所以佛教非常重視臨終關懷，要在生死關頭爲臨終者做好心理引導，讓他放下塵世的一切牽掛，瞭解未來去向，對彌陀悲願充滿信心，願離娑婆，願生極樂。同時，透過念佛或稱念三皈，幫助臨終者調整心行，安住正念。這些都是非常重要的外在助力。

現在西方也有安寧關懷，對沒有醫學治療意義的重病患者，在減輕他們身體疼痛的同時，給予心靈疏導和關愛。這種關懷也包含信仰的引導，使他們安然並有尊嚴地走完人生最後旅程。

信仰可以找回自己

今天的世界變化得這麼快，這麼豐富多彩，各種媒體、娛樂、遊戲、科技產品，以及發展中的人工智慧、虛擬世界，使我們對外界的依賴日益嚴重。除了工作，很多人時刻滑著手機，滑著各種碎片化的資訊，無法靜靜地面對自己，甚至失去了休息的能力。雖然身體早已疲憊，卻無法入睡，還在難以自控地滑著。在最新的《國際疾病分類》中，已專門爲「遊戲成癮」設立條目，並明確診斷標準，以幫助精神科醫生確定患者是否對遊戲產生病理性依賴。此外，手機綜合症、晚睡綜合症等時代病，也已成爲世界性問題。

在鋪天蓋地的資訊中，人類對自我的迷失愈來愈深，問題愈來愈多，心智愈來愈不正常。與此對應的，則是被科技武裝起來的、前所未有的破壞力。這就使得世界危

機四伏，防不勝防。

根本的解決之道，就是從人心入手。內心和平，才有世界的和平；內心安定，才有世界的安定。東方文化，尤其是佛法智慧的最大作用，就是幫助我們認識內心，找回自己，造就健全人格。所以近年來，佛教在西方國家的影響愈來愈大。很多心理學者都在學習佛教的教理和禪修方法，將之運用於學科建設和臨床治療。

人也是一個產品，需要透過正確方法來打造。一方面，是透過聞思經教，接受智慧和覺醒的教育，從而調整觀念，解決人生困惑；另一方面，是透過止觀禪修平息煩惱。這樣的話，就能在正見指導下，造就良好的心態，健全的人格，最終成就高尚的生命品質，成爲佛菩薩那樣美好的自己。

學佛不是向外求，對三寶建立依賴的目的，是導向內心。我們以三寶爲皈依對象，但這不僅是指佛像、教法、僧眾這些外在的住持三寶，還有內在的自性三寶，就是我們本來具足的覺性。我們依止善知識，正是爲了透過聽聞正法，依教奉行，最終認識自己，而不是把佛菩薩或善知識當作偶像崇拜。

以上，主要從佛教的角度，透過建立道德準則、引導精神追求、使人心態超然、培養慈悲大愛、解決生死歸宿，以及找回自己六個方面，講述了信仰的作用。希望大家透過對智慧文化的學習，斷惡修善，成就高尚品質，對社會的健康發展做出貢獻。

4
佛教在宗教中的獨特性

—— 北大世界宗教學術研討會的發言

「宗教」一詞，包含著人與神靈的交往或對神靈崇拜之義。因此，談到宗教往往使人聯想到神靈。然而，做爲世界三大宗教之一的佛教，卻不承認有主宰神的存在。假如說，宗教必須建立對神的信仰，那麼在這個意義上，佛教就不能稱爲宗教。

本文將圍繞神與無神的問題，談談佛教在宗教中的獨特性。

無神而非有神

宗教，普遍存在對神的崇拜。由於對神的認識不同，於是產生了多神教、二神教、一神教的信仰。多神教，是信仰宇宙中存在眾多的神。他們各自統治著宇宙的一部分領域，如主宰風雨、雷電、氣候的神，主宰森林、江河、海洋的神，主宰戰爭、疾病、死亡的神等。在古埃及、古希臘、古羅馬等地，人們都信奉這種多神的宗教，中國的道教亦屬於多神信仰。多神教所信奉的神，多數是人形的神，這種「人神同形主義」是出現在文明程度較高的古代社會中。在希臘，神和人不僅形貌相同，且有著與人同樣的欲望及劣性，乃至與人相戀並爭風吃醋。

二神教，以爲宇宙主要由兩大神在控制著，即慈悲的善神與兇狠的惡神。善神專以善良、溫和的精靈爲其助手，從事救濟苦難、施人恩惠的善事；惡神手下則是殘酷、暴戾的精靈，總是在伺機危害人類、爲非作歹。世界很多宗教，都有二神教的特徵。如古埃及，善神爲歐西里斯，惡神爲賽特；古印度，有晝間之神因陀羅與夜間及邪惡之神韋陀羅；馬達加斯加，善神爲占和爾，惡神爲尼殃（釋聖嚴，《比較宗教學．第二章》）。

在各種宗教中，被認爲是最高而又信仰人數最多的，便屬一神教了。一神教的特點是建立一個宇宙的主宰，如猶太教、基督教的耶和華，伊斯蘭教的眞主，印度婆羅門教的大梵天。做爲宇宙中唯一的主宰神，他全知全能而又永恆存在，不僅創造了世界萬物，更決定著人間禍福。

同是世界三大宗教之一的佛教，卻否定主宰神的存在。與有神教相比，不妨將佛教稱爲無神教。佛陀，即覺者之義。當年，釋迦牟尼佛在菩提樹下悟道，親證宇宙人生眞相，發現宇宙萬物都是沿著「因緣因果」的規律興衰成敗，並非由主宰神決定。

在佛教的根本教義「三法印」中，「諸法無我」就是在「因緣因果」這一思想上提出的。「我」，從宇宙而言，是指永恆的、主宰世界的神；就個體生命而言，是指永恆的、主宰生命的靈魂。一般宗教都以神爲世界的主宰，以靈魂爲生命的主宰。而佛教從「因緣因果」看世界，卻不見永恆的、主宰的神及靈魂，因而提出「諸法無我」。無我，正是佛教與其他宗教的根本區別所在。

有人可能會提出，佛教的許多經論中，不也有神的記載嗎？如六道中的鬼道，是承認鬼神的存在；而三界諸天，又承認了天神的存在。既然如此，佛教怎麼可能稱爲無神教呢？佛教並不否認在人道之外、冥冥之中還有鬼神的存在。但佛教所說的鬼神與其他宗教的神不同，佛教認爲鬼神也和人類一樣，只是有情中的一種類型，並不具有永恆、主宰的意義。

必須明確的是，佛教所說的無神又不同於唯物論的無神。唯物論的無神是屬於斷滅論，不相信在人道之外還有鬼神道的存在，也不認爲有情在死亡之後，生命還能繼續得到延續。佛教雖然否認永恆、主宰的神或靈魂，但生命卻不是斷滅的，而是在因果規律的支配下，不斷不常，相似相續。

業力而非神創

宗教之所以崇拜神靈，主要是認爲他們對世界或人類具有舉足輕重的作用。不少宗教都認爲是神創造了世界，如基督教以上帝耶和華在六天中創造了天地、萬物、人類（《舊約．創世紀》）；伊斯蘭教以眞主阿拉在六天內創造了天地，又以兩天時間將天分爲七層（《古蘭經》）；印度婆羅門教以大梵天生天地萬物，認爲「萬物從梵天而產生，依梵天而存在，毀滅時又還梵天」（《森林書》）；錫克教也認爲有一個絕對的神創造世界（《阿底格蘭特》）。

神又主宰著世界的成壞與人間的禍福。無論是多神教還是一神教，普遍認爲神對世界及人類具有主宰的能力。在多神教中，有風神、火神、太陽神管轄自然，還有戰神、愛神、智慧女神管轄人間，各司其職。至於一神教，則建立了一個全知全能的神來主宰人間禍福。最初，人類因行爲不端而觸怒上帝，於是便遭受了滅頂之災。一場

持久的滔天洪水中，唯有挪亞一家在方舟中倖免於難，但他們的倖存也是來自於上帝的赦免（《舊約．創世紀》）。埃及法老與上帝選民以色列人過不去，上帝一怒之下在埃及降下十大天災，使法老不得不屈服（《舊約．出埃及記》）。又如所羅門王因為英明治國而得到上帝的讚賞，於是上帝便賜給他智慧、富足和尊榮（《舊約．列王記》）。這樣的記載在《聖經》中比比皆是，人類只有遵循上帝的旨意，才能獲得和平安定的生活。

伊斯蘭教的眞主阿拉也具有同樣的能力。《古蘭經》說：「阿拉是治理萬物的主，對天地人類具有無上的權威。」所以，人類希望得到的一切都要向阿拉祈求：「阿拉啊，大權在握的主！你能把權柄向你願意者交付，你能把權柄從你願意者手中奪除，你能讓你願意者尊貴榮耀，你能使你的願意者卑賤屈辱，福利全由你經手掌握。你確實全能於萬事萬物。」因為「阿拉能讓人窘困，能使人富裕」。這都說明，人的命運是掌握在神手中，由神決定的。

佛教不承認世界有主宰神的存在，那麼世界的成壞及人間禍福又是取決於什麼

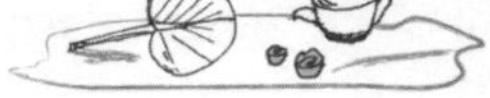

呢？那就是佛經中一再強調的因緣因果。《阿含經》中有個著名的偈頌：「有因有緣集世間，有因有緣世間集；有因有緣滅世間，有因有緣世間滅。」《中論．四諦品》中也有同樣的說明：「未嘗有一法，不從因緣生。」因緣即條件，其中，因是親的條件，特殊條件；緣是疏的條件，次要條件。由因緣和合而產生世間萬物，是緣聚而生；由因緣離散導致事物的衰敗，是緣散而滅。

貫穿因緣因果的核心便是業力。業，是造作義，指人類的行爲。從倫理的意義上看，可分爲善業、惡業和無記業三個類型。此外，業又有共業及不共業之分，由人類共同行爲（共業）決定世間環境的優劣；由人類個體行爲（不共業）決定個人命運的禍福。佛教認爲，世界興衰和人生禍福都是由業力決定，除業力外，並沒有什麼外在的神能夠主宰人類命運。

神教以神創造人類，這便導致了差別和歧視。如基督教所說的上帝選民與非上帝選民，婆羅門教所說的再生族與非再生族。而佛教的業力說則強調眾生平等，只是因業力不同才導致人生的差別。神教以一期生命終了後，無論是上升天國或墮落地獄，都永遠不再有改變的可能。而佛教的業力說則認爲，上升天國或墮落地獄都只是過程而非結局，在獲得究竟解脫之前，一切都有變化的可能。命運之舵就掌握在我們自己手中，由每個人的行爲乃至起心動念所決定。

自力而非他力

神教以神主宰世界，決定人間禍福，是純粹的他力思想。既然世間一切都由他力決定，那麼人類想得到拯救，也必須依賴於神力。這種他力的宗教，主要圍繞著神對人的救贖，以及人對神的信仰而展開。

從基督教的角度來看，《聖經》的中心思想便是救贖：《舊約》是對救贖的預言、許諾；《福音書》是救贖許諾在耶穌基督身上的應驗；《使徒行傳》以使徒書信闡明救恩藉聖靈引導遍及天下；《啓示錄》則預言基督完成救贖大業後必將再來，使人類進入一個新天地。與基督救贖相應的便是人類對基督的信仰。《聖經》說：「神差他的兒子降世，不是要定世人的罪，乃是要叫世人因他得救，信他的人，不被定罪，不信的人，罪已經定了。」（《新約．約翰福音》）又說：「信子的人有永生，不信子的人不得永生。」這都貫穿著因信得救的思想。

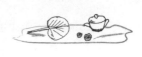

伊斯蘭教也特別強調信仰的作用。《古蘭經》提出以六信做爲教徒必須具備的基本原則：即信眞主阿拉、信阿拉的使者、信天使、信天啓的《古蘭經》、信前定、信末日審判。伊斯蘭教認爲眞主是「至仁至慈」的，但這是對於眞主的信奉者：「信仰眞主和使者的人們，在主那裡，是虔誠者，是見證者，他們將有他們的報酬和光明。」而從他對於不信者的態度看，這種仁慈卻不是寬大無邊的，試看《古蘭經》如何說：「誰違抗眞主和使者，將必受火獄的刑罰，而且永居其中。」又說：「背離阿拉旨意的人們，確實要受嚴厲的桎梏。」如此看來，阿拉的仁慈也只是局限於信教者，至於那些不通道者、離經叛道者和不服從眞主命令者，都將被打入地獄備受煎熬，且永遠不被寬恕。

與信仰相應的便是讚美、祈禱和祭祀。在《舊約．詩歌》中，大部分詩篇都是對上帝的讚美和祈禱，由詩篇之名即可看出，如「晨興之祈禱」「求耶和華憐恤允其所祈」「求耶和華佑脫於惡人」「求耶和華興起禦敵」「耶和華之榮耀人之尊貴」「稱頌耶和華之公義」等等。同樣的，《古蘭經》的每章開首，也都是對眞主阿拉的讚美。

祭祀在神教中也非常重要，不論是原始宗教、多神教乃至一神教都很重視祭祀。原始宗教中祭祀有祭司專門負責，供神採用犧牲動物甚至是人。印度婆羅門教的三大基本思想中，即有「祭祀萬能」的一項。《舊約》中對上帝獻祭的記載也很多，如《利未記》詳細介紹了祭祀的儀式、祭司的職責，及分辨潔與不潔的規定，當然祭品主要是動物。不過《聖經》中也有以人做犧牲獻祭給上帝的記載，如亞伯拉罕要將自己的兒子獻祭耶和華（《舊約．創世紀》），耶弗他眞的殺了親生女兒給耶和華獻祭（《舊約．士師記》）。祭祀除了表達對神的恭敬，更是爲了表達對神的感恩和酬謝，希望神不要輕易發怒，時常降福於人類。

但佛教認爲，人類的命運取決於自身的行爲。所以說，人類希望解脫痛苦，到達幸福的涅槃彼岸，必須依賴於自身的努力和佛法的指引。佛陀入滅之時，許多未能悟道的弟子們感到茫然，不知將來如何修道，佛陀留下的教誨便是「自依止、法依止」

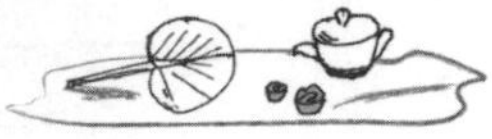

（《長阿含・遊行經》）。自依止，是說修行解脫都要依賴自己，不能靠任何一個人；法依止，是依法而行，因爲我們沒有能力認識眞理，也不懂得什麼才是解脫之道，這就需要依靠佛法的幫助。

什麼是法呢？簡單的說，便是八正道。其中，正見是如實認識宇宙人生的實相；正思維是以正確觀念去思考一切；正語是眞實並有益大眾的語言；正業是正確的思想行爲；正精進是恰當的努力；正命是正當的謀生方式；正念是正確的心態、想法；正定是正確的禪定。八正道是我們修學佛法的常道，同時也說明，人類只有依靠自身的智慧、覺悟、德行才能獲得解脫，而非是外在的力量。

佛教以佛陀釋迦牟尼爲本師。本師就是根本的老師，因爲他指引我們認識眞理，告訴我們如何解脫人生的痛苦。佛教也講究信，但信僅僅是學佛入門的基礎。學佛，是以「信爲能入，智爲能度」。我們希望解脫煩惱，證得涅槃，是靠自身的覺悟智慧，而不是僅僅停留在信仰之上。

人本而非神本

一神教認爲世界及人類的一切都是圍繞神展開並存在，神的地位自然也就比人更爲重要。因爲神是造物主，人是所造物；神是主，人是奴；人間只是暫時的虛幻存在，天堂才是永恆的眞實歸宿。因此，透過對神的信仰，依照神的旨意行事，最終回到神的身邊才是人生的最終目標。從這個角度來說，一神教所提倡的是神本的人生觀。

而佛教認爲一切都是由人類自身行爲決定的，所以佛經中特別強調生而爲人的重要性，所謂人身難得。佛陀他老人家就是由人而修行成佛的。不僅釋迦佛是如此，《阿含經》還告訴我們：「諸佛世尊，皆出人間，非由天而得也。」充分體現了人在六道中的優越性。佛陀是人間的覺者，而不是來自天上。天上有的，只是神、梵天、上帝及他們的使者。

世尊以人的身份覺悟成佛並教化世間，不是借助於上帝、眞主或是其使者的名義使弟子們歸信於他。所以，佛教經典與神教經典有著根本區別。《吠陀》《聖經》《古蘭經》等神教經典，都是做爲神的啓示而出現；而佛教經典則是佛陀智慧海的流露，是人間覺者對世人的教化。

神教認爲天堂是潔淨、光明和喜樂的；而人間卻充滿罪惡、黑暗與痛苦，人們自然嚮往天堂，厭惡人世。而佛教卻認爲，天上雖比人間多了些享樂，但陶醉在欲樂、定樂中的天人們往往因此而不思進取，更不會有追尋眞理的動力，一旦福報享盡必然墮落。相反，人間雖是有苦有樂，但人類爲了改善自身環境，會不斷尋求幸福、探索眞理。因此，理智的正覺、解脫的自由，是在人間而不在天上。這也就是《阿含經》所說的：「人間於天上則爲善處。」由此可見，佛教的信仰是以人爲本，而非神教的以神爲本。

結語

綜上所述，神教建立主宰神的信仰，將人類的命運、解脫和希望，都建立在對神的祈求上。而佛教卻否定主宰神的存在，認爲人類的一切都是自身思想行爲造成的。人類痛苦的解脫，是要憑正確的思想及行爲，從契合一切法的因果事理中，淨化自己、圓成自己，這正是佛教區別於其他宗教的獨特性。

5
佛教在當代社會

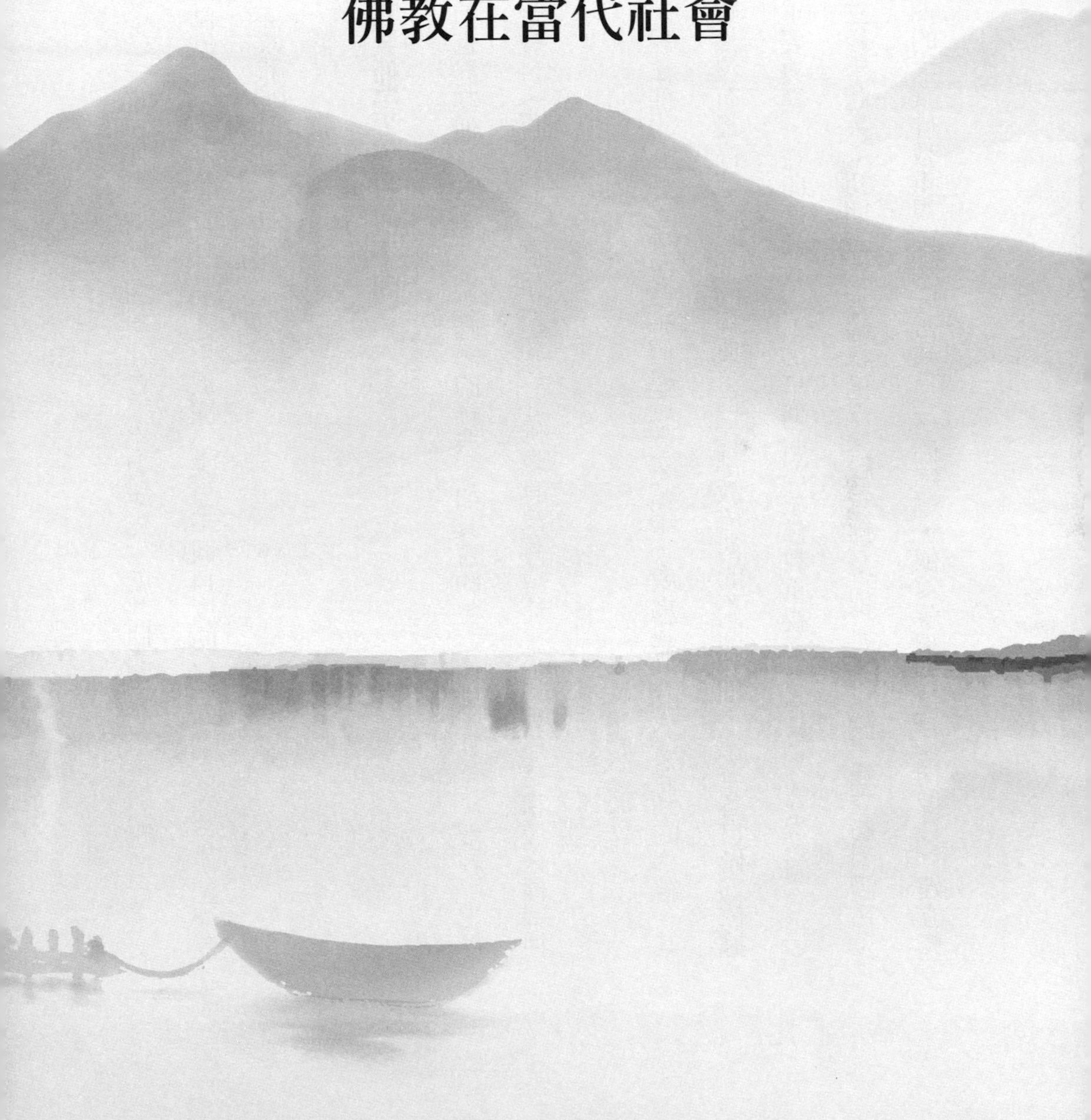

二〇〇一年初秋，濟群法師與社會學家力雄先生就共同關心的現實問題進行了交流，談話圍繞宗教在當今社會的作用展開。來自不同角度的一席談，或許會使您深受啓迪。本文根據談話記錄而成。

佛教與其他宗教有何不同

問：目前世界其他各大宗教都有唯一的經典，如《舊約》之於猶太教，《聖經》之於基督教，《古蘭經》之於伊斯蘭教。佛教有沒有這樣一部具有最高和最終權威性的經典？

答：佛陀說法四十九年，後由弟子們經過數次結集，成爲我們今天所看到的佛經。其中雖然沒有最高或曰唯一的經典，但在佛教流傳的不同時期，都有各自做爲依據的重要典籍。在印度佛教史上，早期的部派佛教重視《阿含經》，依《阿含經》建立修學體系；初期的大乘佛教重視《般若經》，依《般若經》建立修學體系；中期的大乘佛教重視《解深密經》《楞伽經》，依《解深密經》《楞伽經》建立修學體系；晚期的密乘重視《大日經》，依《大日經》建立修學體系。佛教傳入中國，先後成立了八大宗派，各宗派也都有本宗的根本經典，如華嚴宗將《華嚴經》奉爲權威，三論宗將《般若經》奉爲權威，天台宗將《法華經》奉爲權威，淨土宗將「淨土三經」奉爲權威。

問：那麼是否可以從超越門派的高度，也可以說是基於各門派的共性，概括說明一下佛教到底是什麼？

答：如何定義佛教？我認爲可以用這樣幾句話來概括：佛法是人生的智慧，是眞理的指南，是完善的道德，是解脫的途徑。

說佛法是人生的智慧，是因爲佛法能使我們擺脫無明和蒙昧的狀態，如實認識世界，解決內心困惑，使人生趨向光明。說佛法是眞理的指南，是因爲透過經教的學習，能使我們樹立正確的人生觀。佛法認爲，無明使人類沉溺於生死流轉，要改變命運，首先要改變對生命的錯誤認識，而聞思經教、樹立正見就是通達眞理

的基礎。所以佛法非常重視正見的作用，修行中的見道位，便是體證諸法實相的過程。說佛法是完善的道德，是因爲學佛修行的最終目的是趨向解脫，而實現這個目標要以善行做爲基礎。佛教所說的善行不同於神教的以神爲本，也不像唯物主義者那樣，僅僅基於社會安定的需要。佛教的道德是建立在眞理基礎上，是依因緣因果的規律建立德行。說佛法是解脫的途徑，是因爲佛法歸根結柢是爲了解決人生問題。人生有種種困惑、煩惱和痛苦，所以才需要修學佛法，才需要透過對佛法的實踐獲得究竟解脫。

試圖解決人生痛苦，是文明發展的原動力。從原始的刀耕火種到當今的科技時代，人類的一切努力都是爲了尋求幸福。但這些努力只能使外在世界得到改變，使我們的物質生活得到提高。而其他宗教則是透過對神的祈禱獲得救度，透過對神的信仰獲得幸福。和一般宗教不同，佛教認爲人類問題的根源在於我們自身，在於我們對人生的困惑，在於我們的錯誤認識和觀念，在於我們無始以來的貪、瞋、癡煩惱。因而，對生命的正確認識才是解決問題的唯一途徑。在解決方式上，佛教的著重點是自力，雖然也有他力的成分，但他力也是建立在自力的基礎上。

問：其他宗教一般都有一個至高無上的神，無所不知，無所不在，是世間萬物的主宰，佛教是否有這樣的神？

答：通常，人們都認為佛教是有神論，但也有人提出佛教是無神論。事實上，這兩種看法都有失偏頗，甚至可以說是錯誤的。因為佛教既不承認一般宗教的主宰神，但也不同於唯物論者的主張。佛教是從緣起看世界，所以否定主宰神的存在。所謂緣起，就是條件決定存在。世間萬事萬物不是由神創造，而是眾緣和合而成。但佛法的無神論又不同於唯物論的無神論，佛法認為人之外還有不同生命形式存在，如天、阿修羅、地獄、餓鬼、畜生，他們和人類的關係是各行其道，互不干涉。唯物論者認為「人死如燈滅」，但佛法卻認為，一期生命形式結束後，生命還會以不同形式延續。生命像流水一樣，我們每一期生命就像流水中的浪花。浪

花雖然時起時滅，但流水卻生生不息。

問：既然佛法講因果關係，那麼爲何有因，爲何有果？爲什麼這種因引起這種果，那種因導致那種果，如果不是有主宰者在起作用，是由什麼所決定的呢？

答：一般宗教都認爲神在主宰人類命運，主宰賞善罰惡。而佛教卻講無我，否定神的主宰力量。既然無我，那麼因果又是如何產生作用的呢？佛教認爲，因果是一種自然發展規律，就像地裡播下的種子。種子是因，再假以陽光、水土的外緣，就能生根、發芽、開花、結果。這一過程完全是自然規律，不是由誰主宰的。

問：佛教源遠流長，又沒有類似《聖經》那種最高典籍，在漫長的發展過程中，就免不了逐步擴大在理解和詮釋上的分歧，使佛教理論走向思辨化、學術化和複雜化。同時根據見解的不同分化出眾多門派，每個門派又進一步發展成相對獨立的理論體系。久而久之，佛教理論變得深奧無比，使人望而卻步，難以進入。我想知道的是，在各宗各派之間有沒有共同的基本思想？

答：佛教在流傳過程中形成了很多派別，就目前來說，主要有漢語系、藏語系和巴利語系三大體系。三系佛教雖然存在一些不同，但其中最基本、最核心的教理，如緣起、無我、四諦、三法印等，都是一致的，不論哪個教派的思想都不能離開這個核心。而從對生命現狀的認識到人生痛苦的解決，也是佛教各宗派的共同目的。

當然，各宗派都有自己的側重點。佛教流傳是本著契理契機的原則，它在兩千多年的漫長發展過程中，涉及到不同的地區和民族，涉及到不同的時代和文化背景，因此，必須選擇當時人們最容易接受的方式傳播佛法。有鑑於此，祖師們將經典中的最有針對性的一部分內容特別介紹出來，以適應不同眾生的需要。

佛教在弘揚中存在的問題

問：佛教理論是一個非常龐大的體系，其浩瀚高深，讓絕大多數人無法產生勇氣和信

心，也沒有足夠的能力和精力對其進行鑽研。不像基督教的《聖經》，二千多年就那一本，祖祖輩輩往下傳，從小讀起，活到老讀到老，一輩子讀上幾十遍，每個人都可以得到比較深入的認識。而佛教的普通信眾因爲做不到這一點，普遍對佛教本身不甚了了，信佛只是祈求佛菩薩保佑，並急切地要求能夠馬上兌現。因此佛教形成一種二元狀態：僧侶的宗教博大精深，難以思議；老百姓的宗教卻近乎迷信，讓人不以爲然。二者之間存在很大的斷層，隔著難以逾越的鴻溝。這一現象是否與佛教缺乏自己的《聖經》有關？一旦缺乏「唯一性」做爲依據，雖然對宗教哲學的發展可能是有利的，普通信眾的思辨卻在不確定中變得迷茫，在接受方面也構成障礙。眾多教派都有自己的體系，每個體系都是畢終生而難究其竟，如何指望普通老百姓能搞清楚那麼多體系呢？這大概就是僧侶宗教和大眾宗教脫節的原因吧。

答：根據我近期西藏之行得來的印象，感覺你所說的這一現象在藏傳佛教中比較突出，至於原因，我想應該是多方面的。在相當長的歷史時期內，藏地只是在寺院中才有相應的文化教育，而百姓很少有接受教育的機會，所以，僧侶和百姓之間在文化程度上存在很大差異。其次，藏傳佛教非常注重理論學習，尤其是格魯派，僧侶通常會以數十年的時間奠定理論基礎，這樣的學習不但嚴格，且有著完整而系統的次第。很多高僧都曾經過這樣的正規訓練，不僅對佛學（內明）有著深入研究，對相關的因明、聲明、醫方明、工巧明也有極高造詣。但對普通民眾來說，沒機會也沒時間接受這樣的訓練，所以，對佛教義理的瞭解非常有限，只是受當地宗教氛圍和文化習俗的影響而以佛教做爲信仰，有些接近迷信。所以說，主要是文化環境決定了這一點，和佛教有眾多教派並沒有必然聯繫。

相比之下，這一問題在漢傳佛教地區就不是很明顯。雖然普通民眾對佛教的認識多數停留在迷信層面，但只要眞正想學佛的人，都能對佛法有不同程度的瞭解。尤其在今天，佛教典籍已相當普及，只要有一定的文化知識，都有條件接觸到佛教經論，而近代許多高僧大德對佛教典籍所做的通俗闡述及演講錄音，也爲廣大信眾修學佛法帶來了極大方便。所以，漢地在各個時期都出現過一些非常出色的

居士，他們在佛學理論及修行體證方面都有相當水準，甚至高於一般的出家眾。

問：儘管漢地比較發達的地區，如城市居士可能在理論上有相當水準，但是漢地廣大不發達地區的信眾和非居士層次的普通信眾，盲目和迷信的現象應該還是相當普遍的。

答：我前面說到的，具有相當佛學水準的居士畢竟是少數，甚至是極少數。廣大民眾雖然有機會接觸佛教，但大多是些表面瞭解，對佛教的認識還會有很多誤解，所以，也存在迷信現象。近年來，隨著弘法活動的深入開展，這一現象已經有所改觀，但還需要繼續努力。臺灣地區的弘法活動已開展數十年，在家居士的佛學水準遠遠高於大陸。這也說明，大陸地區對佛法的弘揚還不夠普及。

問：我之所以不斷提出這一問題，是因爲我始終在考慮，佛教是否也能產生一部類似《聖經》那樣的最高經典，能以通俗的語言、先知的氣勢囊括佛教的世界觀和基本哲學，可以直接與信眾溝通，使信眾擺脫因爲佛教的複雜而必須依賴僧侶的局面，靠自己研讀也能掌握佛教精髓，並在佛教理論的大海中找到直達中心的道路？

答：佛教的經典雖然浩如煙海，但在各個時期，祖師大德們為了滿足廣大信眾的修學需要，在對佛經進行深入研究之後，編寫了很多能夠全面反映佛陀教法的綱要。如印度早期的《俱舍論》，西藏宗喀巴大師的《菩提道次第論》，當代佛學泰斗印順導師的《佛法概論》《成佛之道》。對於信眾來說，這些都是非常好的入門典籍。透過這些書的學習，就能在短時間掌握佛法修學的脈絡和佛教基本思想。

佛教最權威的是佛陀，如果說佛教中有權威典籍的話，那麼，佛經便是最高權威，沒有比佛經更權威的。佛教對人類命運和前途的關心是建立在理性認識的基礎上，這種發展是沿著因緣因果的規律，由如是因感如是果。人類種下什麼樣的因，未來就會有什麼樣的果。所以佛教不像其他宗教，對人類未來做出先知式的預測，而是要我們活在當下，重視當下人生的改善，如果每個人都能止惡行善，社會自然會安樂祥和，未來自然會有光明前景。

問：在西藏有這樣的現象，僧人所受的教育是充分的，但對民眾來說，往往連每天所

念的「六字眞言」是什麼含義都不知道。假如民眾不能自己瞭解佛教義理，只能借助於中間橋樑——也就是僧侶，其中就免不了存在著這樣的問題：中國的宗教傳承存在一個巨大斷層，今日的僧人大多是在無神論環境中長大，經過文革那種「徹底的唯物主義者是無所畏懼的」年代，後來又被改革開放後的貪欲與逐利環境所包圍。在他們中間，眞正能以眞誠之心堅守信仰的比例究竟有多高？而僧侶扮演著民眾精神導師這樣重大的角色，假如他們不稱職，百姓既無法做出判斷，更不能對其進行監督，就會出現一種很糟糕的狀態。我期望存在佛教的《聖經》，也是希望可以給民眾對僧侶進行監督和判斷提供一個依據，也就可以對僧侶階層構成一種必要的制約。

答：宗教是道德建立的基石，宗教場所是人們的精神家園，宗教師則是人類的心靈導師。因此，宗教具有淨化社會人心的作用。正如你所說的那樣，如果宗教本身的純潔性出現問題，這既是佛教界自身的不幸，更是社會的不幸。近年來，佛教界的有識之士也已意識到這一問題的嚴重性和迫切性，爲佛教的健康發展做了大量

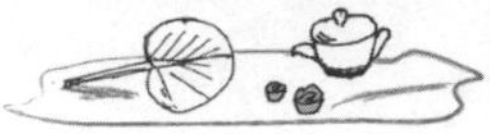

工作，主要是從制度重建和佛教教育兩方面著手。自八〇年代以來，大陸佛教界辦了數十所初、中、高級的佛教院校，旨在培養佛教人才，提高僧伽素質。與此同時，教界也充分意識到制度建設的重要性，不少道場及大德都致力於戒律的弘揚和推廣，希望藉此建設如法如律的僧團。當然這些工作需要長期努力，需要教內外更多人的參與，也可能需要相當長的時間才能見效。此外，也需要政府的重視，並在政策上給予協助。

隨著佛教現代化工作的進展，通俗弘法的普及，民眾將會有更多機會接觸正信佛教，而文化素質的提高，也使得他們更有能力接受並理解佛法。普通民眾的信仰將會從以往蒙昧、感性的尋求寄託轉向理性認識。如果信眾能夠具備正見，就會有辨別是非的能力，而不是盲目依賴於某個僧人，即使僧團有些不良現象，對他們的信仰也不會構成太大影響。

問：佛教經典中過於繁瑣複雜的概念術語，似乎也是普通信眾掌握佛教的障礙。比如五蘊、六根、八風、十二處、十八界……讓人聽得發暈。佛教是不是需要對自身理論的闡述方式做一些改進？

答：佛教的確有很多術語，但並不是所有信眾必須掌握這些名相。如果把佛法比喻成汪洋，那麼，學佛就像口渴的人需要喝水，每個人都是根據自身需要和承受能力喝水，並不需要把所有的水一飲而盡。同樣的道理，對一般民眾來說，只需根據自己的接受能力掌握一些基本概念，如因果、五戒十善等就足以受用。只有常年從事佛學研究的僧侶和學者才需要掌握那些專門術語。

至於我們對所學的東西能否記住，也取決於各自的重視程度。很少有人會記不住自己每個月的薪資，原因是什麼？因爲我們重視。我們一旦覺得佛法對人生有足夠的重要性，自然就會用心學習，所謂的障礙也就迎刃而解了。

問：回顧歷史，成功動員群眾的範例幾乎無一不是對綱領進行最大的簡化，如「替天行道」「均田分地」「殺富濟貧」那種口號。普及宗教和群眾運動當然不是一回事，但應該認識到中國百姓喜歡通俗、接受簡化的特點，這是否可以做爲一種弘法的策略來運用？

答：在中國的宗派佛教中，既有理論相當嚴密繁瑣的宗派，如唯識宗、三論宗、華嚴宗、天台宗，也有理論單純而重視實證的禪宗和淨土宗。中國人有好簡的特點，所以，禪宗和淨土宗在中國流傳得特別廣泛。淨土宗把整個修行歸納爲信、願、行三種資糧，並具體落實到一句佛號上。禪宗則將艱深的修行落實在日常的搬柴運水或一句話頭之中。這些法門給信眾在修行上帶來了極大的方便。所以說，佛教中的禪宗和淨土宗是有簡化的特點，而其他宗派則是哲學式的佛教。佛法在弘揚過程中曾出現很多誤區現象，哲學化就是其中之一，使佛法逐漸脫離社會和人生。其他如來世化、鬼神化等現象，則使佛法由平實而轉向神祕化，這些都是佛教在流傳過程中出現的弊端。但要明確的是，不是一味簡化就能解決問題，禪宗和淨土宗的修行雖然形式簡單，可如果缺乏明師指點，沒有深厚的信心或教理基礎，修起來也是不著邊際的。

問：從發展趨勢來看，人類社會是不斷追求個人自由和個性解放的，然而宗教是依賴和崇拜權威的，建立在信仰和敬畏的基礎上，「信」是第一位的，而且往往是無

條件的「信」，這是不是會和追求個性解放的趨勢有矛盾？

答：一般宗教都講究權威，佛教中也有權威人物，那就是佛陀。但佛陀又是民主的，他曾告誡弟子們：你們對我所說的教法可以斟酌，可以懷疑，你們要領會了再接受。基於這個傳統，禪宗就提出了「小疑小悟，大疑大悟，不疑不悟」。佛法的基本理論是緣起，緣起揭示了世間萬物都是相互依賴著存在，沒有獨存、唯一的主宰。從緣起的意義上，佛教又提出眾生平等的理念，眾生和眾生是平等的，眾生和佛陀也是平等的。佛陀告誡弟子們，在修學上，要「自依止、法依止、莫異依止」。佛陀是這樣說的，也是這樣做的。當年佛陀要入滅時，有些人就在想：佛陀入滅後該由誰來領導僧團，由誰來代替佛陀的權威身份？可是，佛陀並沒有另立一個教主，而是要求弟子們以戒為師，以法為師。

所以，在佛法修行上，一方面重視自身努力，一方面重視經教修學，重視對法的掌握，而不是像其他宗教那樣，僅僅憑藉對主的仰賴就能獲得救度。雖然佛教也重視善知識的重要性，但親近善知識的意義是在於更好地掌握法，而不是建立個人關係。所以佛教中又有四依四不依的思想，要我們「依法不依人，依義不依語，依智不依識，依了義不依不了義」。而佛教僧團更是一個民主、法治的團體，每個人都要依法生活，依戒生活，並沒有所謂的特權階層。

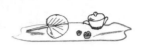

至於說到個性解放和人類對自由的追求，我覺得這一點和佛教目的是完全一致的。過去，人們往往把佛教當做迷信，但我覺得佛教恰恰是「破除迷信、解放思想」。什麼是迷信？迷信就是無知和執著。通常，人們都是生活在無知和執著的狀態中，我們不僅容易對宗教產生盲目崇拜，事實上，對生活中的許多人和事都容易產生盲目崇拜。有人會崇拜金錢，以爲金錢萬能，這種人不是財迷嗎？有人會崇拜權力，以爲有權就有一切，這種人不是權迷嗎？有人會崇拜歌星、球星，不論他們人品如何，都當做心中偶像，這種人不是星迷嗎？正是因爲這種錯誤觀念和盲目崇拜，給人生帶來許多煩惱痛苦。所以說，錯誤觀念就是煩惱產生的根源。學習佛法，正是要把我們的心從迷惑中解脫出來。一個人只有放棄所有的錯誤知見，心才能得到解放，才能擁有眞正的自由。

清規戒律在現實僧團的作用

問：從外部直觀觀察，我一直以爲僧團是一種自上而下的任命制度和等級嚴格的管理制度。是否可以介紹一下佛陀當年是如何建立民主和法治的僧團？

答：佛陀在菩提樹下悟道後，有感於人生痛苦和人類在認識上的迷惑，在慈悲心的驅動下開始說法度眾。在最初的僧團中，佛陀的追隨者是一批追求眞理、追求自由、追求解脫的人，無須以戒律進行約束。隨著佛教社會影響的日益擴大，加入僧團的人愈來愈多，也出現良莠不齊的現象。針對這一情況，佛陀開始制定戒律。佛教的戒律是案例法，不是成文法。也就是說，每一條戒律的制定，都是因爲某個僧眾出現不如法的情況，是伴隨著僧團發展而逐步完善的。

戒律不僅包括個人的行爲準則，也包括大眾和合共住的規範。總之，僧團一切事務都是以戒律爲依據。所以說，佛教僧團是法治的僧團，是民主的僧團，是平等的僧團，也是追求自由的僧團。關於這個問題，我曾做過「從戒律看原始僧團管理體制」的講座，從公有制、法治、民主、自由、平等五個方面來揭示佛教僧團的管理特徵。

問：但無論在漢地還是在藏地的僧團中，我沒有很清楚地看到這些特徵，所以我提出應該對僧團建立制約，防止僧團腐敗和成爲利益集團的問題。當年佛陀建立的僧團制度今天仍然繼續存在呢，還是已經成爲歷史？

答：這一套制度當然存在。目前，南傳佛教地區就實踐得比較好。而在中國，戒律始終沒能很完整地實施。我想，這和中國當時的歷史背景有關。因爲中國曾長期處於封建專制的統治下，民眾對民主思想不太容易接受。因此，古德雖然重視戒律的翻譯和弘揚，但又在戒律以外制定了中國化的僧制和清規，尤其是禪宗的清規，幾乎取代了戒律的地位。佛教自宋元以來每況愈下，直到民國年間才呈現復興之勢。但叢林清規已像禪宗一樣，處於名存實亡的狀態。所以，中國佛教的制度建設，是當今教界面臨的當務之急。在這一問題上，我認爲還是應當繼承戒律的傳統。因爲民主、法治的社會是世界的潮流所向，而依戒律建立的僧團管理體制更契合這一發展方向，也將會爲更多的人接受。

問：如果像您說的那樣，佛教是尊重民主、自由的，那麼怎麼解釋這樣的現象：凡是以佛教爲主流宗教的社會，大部分都是專制國家？反而以基督教爲主流宗教的國家，發展出今天主導世界的自由與民主的潮流？

答：宗教對社會及國家的影響不是全部的。印度雖然是佛教起源地，但佛教並不是印度的傳統宗教。印度的傳統宗教是婆羅門教，即後來的印度教。佛教於西元前五世紀在印度出現，到西元十二世紀就在印度本土衰落了。我們不能否認佛教對印度的影響，但在印度社會，對社會產生更大影響的還是傳統的婆羅門教。同樣的情況，佛教在中國雖然得到繼承和發揚，但中國本身就有非常深厚的傳統文化，許多統治者及文人士大夫儘管也接受或信仰佛教，但主要還是以儒教治國，佛教只是對教化社會、安定民心起到輔助作用。至於現代西方國家所宣導的民主、自由的思想，並不是來自基督教，而是繼承了古希臘和羅馬的文化傳統。在基督教主宰歐洲的中世紀，無論在思想還是政治上，都是一個比較黑暗的時代。

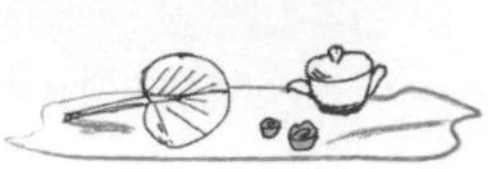

問：造成歐洲中世紀黑暗狀態的是當時的僧團而不是基督教本身，啓蒙運動反抗的對象也是僧團統治，而不是基督教本身。我用另一個例子來提這個問題吧。傳統西藏是一個全民信仰佛教，並且完全由佛教進行世俗統治的社會，但也一樣沒有發展出現代社會的民主理念和民主體制。

答：我想，把基督教和基督教的僧團分開是非常合理的。同樣，佛教和佛教界的現狀也不應混淆在一起，兩者並不完全一致。佛法代表究竟的眞理和完善的道德，但佛教界是由現實中活生生的人組成，而每個人在實踐眞理、實踐道德的過程中總會有一定差異，何況有些人入教本身就是動機不純或自身素質偏低。以此去看基督教，自然也應將基督教和僧團分別對待。但關鍵是基督教本身是否有民主思想？如果沒有民主和自由的思想，那麼我們又怎麼能把民主、自由與基督教聯繫在一起呢？

西藏的政教合一體制是很特殊的現象。佛陀本身就是放棄王子身份去出家，而佛教在古今中外的弘揚過程中，也沒有僧侶執政的先例。僧侶對政治的參與，基本是站在旁觀者的立場，用佛法思想去影響或度化當權者，希望他們對社會民眾多有慈悲之心，希望他們給佛教界提供更寬鬆的環境。西藏這種現象是極個別的，要評論佛教與西藏的關係，恐怕不能簡單地以西方的民主、自由去衡量，而要根據西藏的情況，實事求是地考察佛教對西藏的貢獻，這一方面體現在文化上，一方面體現在西藏社會的道德建設上。還有就是，以西藏當時的社會情況來看，這一體制是不是最合適的？因爲西藏本身就是個比較特殊的地區。

問：您多次提到佛教的戒律，如果我以俗世的法律比較戒律，可以看到，如果執法者自身腐敗的話，無論多麼冠冕堂皇的法律都如同虛設，甚至成爲執法者牟利的工具。佛教戒律在具體執行過程中，會不會也發生這種情況？

答：我覺得戒律與法律有這樣幾點不同：首先，法律是一種社會契約，只要是一個公民，不管是否願意，都必須接受法律制約。有些人能意識到法律的必要性而自覺遵守，但也有些人意識不到法律的重要性，甚至無視法律的存在。佛教的戒律則是建立在信仰層面，而信仰是一種自覺行爲，在這一前提下，對戒律的遵守就有

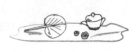

了基本保障。

其次，戒律是以對神的敬畏或因果觀爲基礎，一旦犯戒，不僅和宗教信仰相違背，且必然受到相應懲罰，招感相應果報。而法律只是維護社會大眾共同利益的契約，從理論上說，犯罪會受到法律制裁，但這就關係到執法機構能否有效發揮自身作用。事實上，執法機構不可能發現所有的犯罪行爲，罪犯就因此會存有僥倖心理。即使能對犯罪現象進行有效懲罰，但在法律產生作用時，破壞的事實已經造成。而信徒所遵循的戒律是建立在信仰基礎上，無論是神的存在也好，因果規律也好，都是無所不在的。因此，信徒只要對信仰足夠虔誠，就絕不會存有僥倖心理。所以說，戒律所起的作用是防患於未然。

問：宗教界雖然有一定的獨立性和封閉性，但也擺脫不了社會的影響。今日社會腐敗盛行，如果僧團也混進了打著信仰旗號，實際以信仰爲牟利工具的人，戒律對他們同樣會不起作用。考慮到這種可能性，是不是有必要建立一種能在僧團外部進行監督和約束的機制？如果僧團中有不信因果的人，只是從利益角度來行事，對戒律毫不在乎，是不是有外在的力量來進行約束？

答：不論在社會上也好，在僧團中也好，執法者的腐敗都是一個現實而無法迴避的問題。對於國家的治理，儒家比較重視德治，而法家比較重視法治，事實上這兩者都不可偏廢。我覺得道德建設是長遠的，是根本的，而健全法治則是必要的。有些素質比較好的人，可以接受道德教化，而那些素質低劣的人，必須由法律進行制約。道德教育能啓發人的良知良能，法律制裁卻能有效制止人的劣根性。所以在佛教僧團中，既重視道德的教化，也重視戒律的約束。僧團是一個法治團體，戒律中有完整的懲罰措施。僧人如果出現不如法的行爲，僧團會根據戒律做出評判，最後給予相應懲罰。

如何解決社會發展帶來的矛盾

問：當前，社會的物質財富迅速增加，人類的精神疾病也在成正比地蔓延，現代化的發展反而帶來更多精神困惑，這種矛盾怎樣才能得到解決？

答：以社會來說，不能一味提倡經濟發展，應當在發展經濟的同時重視傳統文化和傳統宗教的弘揚。以民眾來說，除工作謀生而外，還應重視精神追求，具有相應的傳統文化素養，以此提高生活品質。事實上，人爲物役的現象並非始於今日，早在兩千多年前，莊子就將一味追求物欲的「危身棄生以殉物」的人生視爲悲劇。而孔子的「飯疏食飲水，曲肱而枕之，樂亦在其中矣」也向我們說明，只要擁有充實的精神世界，在簡樸的生活中一樣可以找到人生樂趣。在此同時，如果還能有健康的宗教信仰就更好，不僅精神有了歸宿，對人生意義的認識也不再迷惘。若能做到這幾點，我們就不會成爲物質和金錢的奴隸，社會也能得到健康發展。

問：人類目前處於一個根本的矛盾狀態中：一方面，人類社會追求發展，包括每個傳統社會在內，都想走向現代化。另一方面，地球的生態條件和資源有限。在有限資源的環境中追求無限欲望的滿足，這本身就是一個悖論，終究會走到極點。對此應當怎樣進行節制？能不能節制？在現有的社會結構之下，我對此是持悲觀態度的。欲望的力量如此強大，從佛教的角度，怎麼看待和解決這個矛盾呢？

答：當前整個世界的發展都在把人引向經濟追求，尤其是發展中國家，爲了經濟利益不惜破壞自然環境和人文景觀，這已成了一種社會潮流。做爲普通民眾，在這種潮流中往往身不由己。好在社會上許多有識之士已經意識到片面發展經濟帶來的負面影響，並在努力扭轉這一局面。

但社會問題代表著眾生的共業，必須透過整個社會的努力，尤其是政府的力量。我覺得，首先應當有相應的法律措施，要有保護自然環境的法規，保護歷史文物的法規。比如澳洲，隨便挖一塊石頭都是犯法的，隨便砍一棵樹，即使是種在自己家裡的，也是犯法的。有法律做爲保障，對自然環境的破壞就能得到有效控制。所以說，健全的法律制度是社會健康發展的必要保證。

除了立法，傳統宗教的弘揚也非常重要。宗教一般都有禁欲或少欲的思想，希望人們以簡樸的生活抵制誘惑，這種思想也能對欲望起到制約作用，是符合環保潮流的。人文主義思想的出現，固然對社會發展起到了推動作用，卻鼓勵並縱容了人類的欲望。而人類在追求欲望滿足的過程中，很難把握自己，到最後，利益會

壓倒一切，社會也因此走向歧途。

再就是對傳統文化的繼承和發揚，以此豐富人們的業餘生活，提高人們的精神品位。如果我們生活中還有藝術的享受、文化的享受及自然的享受，就不會將發展經濟視爲一切。在追求經濟發展的過程中，也會注意到對傳統文化的繼承，對自然生態的保護。

能否解決無限欲望和有限資源之間的矛盾，主要是看有沒有健全的法制和豐富的精神生活，前者能起到立竿見影的作用，而後者能從根本上對貪欲有所抑制。

問：在目前這個社會結構中，即使一個人不想每天爲追逐財富而工作，社會卻不允許。假如他屬於一個公司，同事都爲了加薪或晉升拚命工作，只有他不以同樣姿態進行競爭，最終他一定會因此丟掉工作，那時他的確可以不去追逐財富了，但同時連養家活口也做不到了，因而他就只能加入到追求財富的行列中去，沒有別的選擇。再舉藏族爲例，藏民族是一個以快樂爲原則的民族，不像以功利爲原則的漢人那樣甘心把自己變成賺錢機器，因此他們的生活態度是把享樂放在前面，工作放在後面。在我看來，那種生活更靠近生活本質，應該是更健康的生活態度。然而一旦被納入市場經濟體系下，藏族就處於明顯的不利地位，處處競爭不過漢族。今日西藏，尤其是在拉薩那樣的大城市，市場幾乎都被外來漢族占領，連做藏服、藏式傢俱一類典型的傳統職業都被漢人奪走了大半天下。藏人菁英因此驚呼，爲了保持藏族的傳統文化，藏人必須改變自己——也就是要變成像漢人那樣，投入市場經濟和競爭的行列中。因此，在這樣一種大勢之下，獨善其身幾乎是不可能的。

答：社會發展潮流的確會對個體生活產生巨大影響。但社會潮流只是代表著一種習俗，並不是法律。既然不是法律，我們可以跟著潮流生活，也可以不跟著潮流生活。關鍵是看自己的獨立程度，你是不是很在乎別人的看法，又是不是能安於淡泊的生活並自得其樂。今天，我們的很多物質需要和基本生活並沒有太大關係，只是社會使我們產生的需要，是攀比使我們產生的需要。社會發展帶來的競爭，欲望升級帶來的壓力，已形成巨大的慣性。一般人生活在這樣的氛圍中，往往身

不由己，更不會去反省：這種追求、這種生活的意義是什麼？我們得到的是什麼？失去的又是什麼？如果我們能做這樣一種反思，就不會過分迷戀於現有的生活方式，價值觀也能重新得到確立。

我覺得，在一個健康的社會中，應該允許多種不同文化的存在。人們可以按照自己的興趣愛好去選擇不同的文化生活和宗教生活，而不是千篇一律地迷失在物欲中。

問：問題是人類已經走上了不歸路。人的欲望一旦被調動起來，就像放出了瓶中的魔鬼，很難再收回去。在美國人享受汽車洋房的生活時，誰能說中國人沒有權利朝那個方向發展？同樣，漢族地區日新月異，也沒有權利要求少數民族保持在傳統狀態中不變。於是眞理就成了「發展是硬道理」，發展就成了高於一切的追求。從佛教的角度來看，理想的社會應該是怎樣的？怎麼平衡精神與物質、傳統和現代的關係？

答：佛教認爲的理想社會，是依十善建立起來的。佛經記載，古印度轉輪王（相當於堯舜那樣賢明的君主）出世時，以十善治國，不動干戈，而社會卻充滿和平安定的氣象。十善是針對十惡而言，而人類一切犯罪行爲基本沒有超出這十種惡行的範疇。所以，十善雖然只有簡單的十條，卻概括了人類基本的道德行爲。其內容是：體現在思想方面的不貪、不瞋、不邪見；體現在行爲方面的不殺生、不偷盜、不邪淫；體現在語言方面的不妄語、不兩舌、不惡口、不綺語。

有一種現象很有意思，科學顯然是愈新愈好，而道德似乎是愈古愈好。在科技日新月異的今天，人類共同的道德法規在數千年歷史進程中卻一直沒有太大變化。原因是什麼？科技雖然發展了，物質文明雖然發展了，但人性並沒有得到提高。相反，人類的某些弱點，如貪婪、自私反而得到更大的張揚。而宗教道德是針對人性弱點提出的，只要人性弱點還存在，宗教道德就具有永久的生命力。

問：宗教的教化要見效，需要相當長的時間，而中國社會目前已經處在一個轉變的當口，建設性的力量正在和破壞性的力量賽跑，結局怎樣，要看哪種力量跑在前面。現在破壞的力量遠比建設的力量跑得要快要遠，中國似乎已經沒有足夠時間

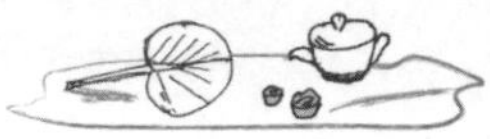

等待到宗教實現對人的轉變。

答：如果把一個國家比做重病的人，道德建設就好比是用中醫的治療方法，透過固本來慢慢恢復，而法治就像西醫的手術一樣。法律比較容易達到立竿見影的效果，但從社會長期的健康發展來看，還需要有它的精神支柱，這便是對傳統宗教、傳統道德的繼承和弘揚。

良好社會制度的形成，良好社會風氣的形成，要經歷一代甚至數代人的努力，但我們別無選擇，因爲我們面對的社會、面對的形勢就是如此，不管來得及來不及，我們總是要去做，做總是比不做要好。良好的社會風氣和社會制度的形成，有賴於大家的努力，尤其是政府的力量。人類歷史上，有人治和法治的不同。人治往往因人而異，聖明天子出現時天下大治，而一旦出現昏庸無道的帝王，百姓就遭殃了。因此，百姓總在盼望堯舜那樣賢明君主的出現。可縱觀歷史，眞正的賢明君主實在寥寥無幾。何況權力能改變人，集權會使人性弱點得到無限張揚。相對來說，法治就比較有穩定性。美國雖然走過兩百多年歷史，更換了許多總統，但基本國策卻沒有太大變化。所以，我覺得法治比人治有更大的可靠性，加強法制建設是社會健康發展的必要保障。

改善社會還要依賴教育的力量。我們今天所說的教育，往往局限於學校教育。就一個孩子的成長過程來說，產生影響的有三方面：首先是家庭的教育，其次是社會生活的教育，第三才是學校的教育。而在學校教育中，不僅要傳授知識，還應傳授做人的道理。社會大眾的法制觀念淡薄，教學中是否應加強法律知識的普及？社會大眾的環保意識缺乏，教學中是否應增加環保知識的學習？社會大眾缺乏宗教信仰、道德淪喪，教學中是否應該開設宗教課的選修？據說在英國，就把佛教、基督教、天主教都列入中小學教學中，學生在校期間必須選擇一門宗教做爲他們的修身課。

宗教是人類精神的防腐劑。我們希望有一個安定的社會，希望培養一種良好的民風，就應當爲健康的傳統宗教提供寬鬆環境。如果政府能對未來的發展方向善加引導，再輔以社會有識之士的努力，我相信在不久的將來，社會風氣一定能得到

改善。

宗教是否有能力改善社會人心

問：這就構成一個問題，爲什麼宗教進行了數千年努力，人性的弱點依然照舊？

答：我們說到人的時候，是一個很籠統的概念。人不是一個人，而是眾多的人。人類對宗教的態度也是因人而異，有信仰的，有不信仰的，有信得深的，也有信得淺的，而宗教對人的改造是建立在這一前提下。所以，宗教對每個人的作用是不同的，但我們不能因此否認宗教在人類歷史上所產生的影響。在佛教史上，有很多人都是因爲信仰佛教而改寫人生，乃至趣向解脫。雖然宗教對淨化人心有著不可估量的作用，但面對一個巨大的社會，面對幾十億的人口，它的影響不能遍及一切，也是很正常的現象。

尤其在今天這個社會，現代文明都給我們帶來了什麼？有些文化和做人根本沒有關係，有些文化對人類的心靈甚至有毒害作用。每天的電視都在傳播著什麼？我們打開電視，觸目所及往往是除了消磨時光外一無是處的連續劇，甚至是暴力和色情。而這樣的資訊和人性弱點是相應的，不利於人性的健康發展。所以說，在今天這樣的時代，宗教要發揮自身作用，就須付出比以往任何時代更艱難的努力。

問：我不否認宗教教化有眾多成功的先例，但是不是總體上始終停留在杯水車薪、揚湯止沸的狀態？的確社會上有其他勢力在和宗教爭奪與抗衡，然而爲什麼宗教做不到以正壓邪？

答：這就涉及到人性的問題，究竟是善還是惡？我覺得回答這個問題要從兩方面來看，一個方面，社會環境中正義的力量強大還是邪惡的力量強大？俗話說，「近朱者赤，近墨者黑」，佛教也認爲凡夫是「心隨境轉」。通常情況下，環境對我們的影響是很大的，因此，宗教能不能發揮應有作用，和社會環境、社會風氣的關係相當密切。

另外，我們也可以從人性角度來談這個問題。儒家對人性有善惡兩種不同看法，如果說人性是善的，他自然更願意接近善的東西；如果人性是惡的，他自然更傾向於惡的東西。雖然佛教認爲我們生命中既有善的因素，也有惡的因素，但每個人在生命發展過程中卻有所側重。有些人善的力量會更大，有些人惡的力量會更大。以目前社會大眾的素質而言，人性偏惡的還是居多，這也正是造成社會不良風氣的根本原因。而宗教對社會的改善是長期的，不能以一時的正邪之爭看待這一問題。

問：毛澤東也曾試圖改變人性，他的「六億神州盡舜堯」和文化大革命的實踐可以說是人類有史以來對創造新人的最宏大的努力，但落到慘重的失敗。我懷疑人性能不能夠改變，所有的努力——包括宗教的努力——會不會最終都歸於徒勞。或者我們應該尋找另外一條途徑，就是在社會制度上下功夫，把個人之惡透過制度的調節和轉化，變成社會的總體之善。

答：我覺得探討人性能不能改變，首先要知道，人的天性是不是固定的。如果說，人的天性是善的，那人性根本就不需要改變；如果說人的天性是惡的，那人性根本

就不能改變。從佛教角度來看，生命主體既不是善的，也不是惡的。人性是人類行爲和心靈活動的積累，人的心靈中有善的心理因素，也有不善的心理因素。當我們培養內心善的力量，就構成了善行；當我們張揚內心惡的力量，就構成了惡習。這就說明人性也是緣起的，可以透過我們的努力去塑造、去改變。

改變人性還需要合理的方法，就是建立人們能夠奉行的道德準則。新中國成立後，爲了造就一代新人，傳統道德被徹底推翻，但取而代之的又是什麼？這種新的道德觀建立的基礎是什麼？能否適應任何時代的人？我們知道，新時期的道德觀是建立在唯物論的基礎上，而唯物論的道德既沒有神本的基礎，又缺乏三世因果的基礎，只是建立在理想的社會模式上。但理想終究只是理想，能否被廣大民眾長期接受並付諸實施，還要看它是不是有一定的現實性和合理性。因此，在未來的社會發展中，建立一種合理的道德規範是當務之急。合理的道德規範，必須和人們的切身利益及長遠利益相符合，並且是切實可行的，不是高高在上的口號。也只有這樣的道德，才有利於人性弱點的改變，有利於社會的改變。

問：即使不說人性是善是惡，至少也是自私的。我在貴寺西花園中餵放生池裡的魚，看著那些魚互相爭搶，沒有一條魚表現出禮讓——那應該還是被種了善根的魚，我想這就是生物的本性。人類之所以要建立道德，就是爲了約束本性。比如道德沒有要求人愛自己的孩子，因爲人的本性就愛自己的孩子。道德卻有很大部分是要孝養老人，因爲動物本性是不養老的，那不利於生物的進化和競爭。因此人脫離動物，就要建立這樣的道德來約束本性。從這個角度看，道德要求人不自私，也正好說明人的本性是自私的。本性之所以叫本性，就是不能改變的，如果能改變，也就不叫本性了。當然，我是從社會學的角度看這些問題，不是從宗教的角度。

答：人和人是不一樣的，每個人的生命素質不同，起點不同。有的人天性貪婪，有的人天性淡泊，有的人天性殘暴，有的人天性仁慈。俗話說，「三歲看到老」，就說明天性的力量對後天的影響非常之大。但生命是緣起的，不是固定不變的。我們所說的天性，只是生命的積累，是心靈習慣的積累。傳統宗教和道德的意義，就在於改變人性中不健康的因素。儘管在現實生活中，不少人充滿著貪婪和自私，但我們也要看到許多人因爲信仰宗教或接受道德教化後，使人性得到改善，心靈得到淨化。古今中外都有許多這樣的例子，所以，我們還是可以看到希望的。

問：我不是一個有神論者，但也不是一個無神論者，我對是否有神持一種不可知的態度，至少我自己目前對此沒有一個確切答案。然而即使眞的沒有神，神是被宗教本身創造的，我也認爲宗教和神的概念是對人類十分有用的，對社會有很大的意義與好處。人類雖然有不同宗教，但宗教都是幫助人尋找意義，平衡精神，促使人向善和建立人際和平關係的。從這個意義上，不同的宗教是不是可以視爲同一個大體系的不同側面？或者說，是在同一個圓周上從不同方向趨近同一個圓心？還是佛教本身所代表的就是世間唯一的絕對眞理呢？

答：不管社會學也好，哲學也好，科學也好，宗教也好，對世界的改善都要建立在眞實的基礎上。不管是什麼學科，雖然關注層面不同，但必須是建立在事實的基礎

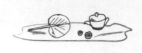

上，否則就達不到改善社會的效果。

如果我告訴你佛陀所說的教法揭示了宇宙人生的絕對眞理，難免有老王賣瓜之嫌。但是，佛法是佛陀在定中以智慧體證的諸法實相。當我們說到絕對眞理時，其實是超越語言表達的範疇，超越思維所能抵達的範疇。相反，一旦用語言進行表達，就已落入了相對眞理。眞理是具有普遍性、必然性的。佛陀所說的教法是不是絕對眞理，我們可以透過事實來檢驗。比如佛法認爲「諸法因緣生，諸法因緣滅」，我們對照一下，世間萬物是不是緣生緣滅的？佛法講「諸行無常」，我們可以看看，世間萬物是不是無常變化的？佛法說「諸法無我」，說明世間萬物都沒有獨存性和常一不變性，那我們再看看，萬物究竟有沒有常一不變性？我們可以透過這些事實一一檢驗，就可以明白，佛陀所說的教法究竟是不是代表著最高眞理。

教界能爲當今社會做些什麼

問：前些年法輪功的盛行是否使佛教界有所反思？事實證明，不食人間煙火是不能使宗教得到廣泛普及的。當然宗教面臨一個活動空間的問題。在目前可能的空間中，您認爲佛教界能爲社會本身的發展提供哪些具體幫助？

答：我覺得，弘揚佛法對社會有以下幾個方面的作用：

第一，佛教能爲社會提供一種健康的宗教信仰。上半年，我在蘇州科技大學開設「從佛教看法輪功現象」的講座時，就談到這樣一個問題：人類是否有信仰的需求？如果說人類沒有信仰需求，宗教自然是可有可無的。如果人類有信仰需求，健康的傳統宗教就應當得到保護，並有良好的傳播環境。否則，民眾的信仰需求不能得到滿足，就會饑不擇食，在客觀上使一些不健康的宗教甚至邪教有可乘之機。所以，弘揚佛法能爲民眾提供健康的宗教信仰和辨別眞僞的標準。

第二，學佛能爲我們提供正確的人生觀。我感覺今天的大部分人都活得很迷惘，

只是跟著感覺走。整個社會都在追求發展，但我們很少考慮發展的眞正內涵是什麼？這種發展是不是就等同於幸福？物質文明固然能給人類帶來舒適和方便，但這只是人生幸福的組成部分。此外，還要有健康的身體、良好的心境、和諧的家庭、安定的社會、自然的環境，等等。可今天的人爲了賺錢，爲了發展經濟，把民風和環境都破壞了，這樣的行爲能使我們通往幸福之路嗎？有些人更不擇手段地賺錢，錢是賺到了，但身心搞垮了，生活品質降低了，和諧的人際關係沒有了，甚至家庭也破碎了，這都是因爲缺乏正確人生觀帶來的過患。

第三，佛教界能爲社會發揮慈善的功能。隨著市場經濟的發展，貧富現象愈來愈懸殊，這也導致了種種社會不安定現象的產生。中國還是發展中國家，許多福利制度尚未健全。對於貧困地區民眾生活條件的改善，再也不能以從前那種打土豪、分田地的方式去實施，而我們所期待的共產主義卻還遠遠沒有到來。這就需要依賴社會力量開展慈善活動，調節貧富關係。大乘佛教提倡慈悲濟世的精神，因而佛教界一直都有慈善的優良傳統。目前，臺灣證嚴法師創辦的「慈濟功德會」就擁有四百多萬會員，慈善事業遍及世界各地，影響非常廣泛。大陸的南普陀等寺院也創辦有「慈善基金會」，從醫療、助學、扶貧等方面展開工作，類似的例子還有很多。宗教團體在民眾心目中一向有較高的可信度，因此，佛教界從事慈善事業，可以更好地發揮自身優勢。

第四，隨著經濟發展，導致生態環境的嚴重破壞，環保成了當今社會的重要問題。我認爲佛教界在這一領域也能發揮很大的作用。首先，佛教典籍有非常豐富的環保思想。如佛教的緣起法，揭示了人與自然相互依存的關係；佛教的淨土思想，爲我們提供了理想世界的模式；佛教的依正不二思想則告訴我們，有情正報的身心不能離開依報的器界；而佛教提倡的少欲知足的生活理念，更能消除破壞環境的思想根源；戒律規定的不殺生、不任意砍伐草木，又直接提供了保護環境的具體措施。「天下名山僧占多」，僧團一直都有保護環境的傳統，許多佛教勝地綠蔭環抱，清涼超塵，不僅是對自然環境的保護，也是對心靈世界的保護。因此，當今教界完全可以在環保領域爲社會做出自己的貢獻。

6
輪迴與解脫

—— 二〇一三年七月講於柏林禪寺文殊閣

今天要和大家分享一個重要話題，那就是「輪迴與解脫」。在世界幾大文明中，關注重點各有不同。西方文明關注的是自然和社會問題；中華文明關注的是「修身、齊家、治國、平天下」；而印度文明關注的核心，則是「輪迴與解脫」。

印度是一個宗教發達的國家。據經典記載，佛陀在世時就有九十六種不同宗教。其中，傳統的婆羅門教已有三千多年歷史。輪迴和解脫，是印度所有宗教共同關心的問題。可以說，這也是印度文明的特色和價值所在。

印度傳統宗教對輪迴和解脫的認識

那麼，印度傳統宗教是如何認識輪迴和解脫的呢？我們主要從三個方面進行介紹：一是瞭解產生輪迴的基礎，二是從輪迴走向解脫的方法，三是究竟什麼代表著解脫？這也是佛法關心的三大問題。

輪迴的基礎

輪迴的基礎是什麼？關於這個問題，從《吠陀》《奧義書》到六派哲學，大體總結爲以下幾點，即無明、欲望、貪著、業。

首先是無明，就是對宇宙人生缺乏認識。無明並不是佛教特有的概念，《奧義書》中早已有之。他們認爲，人類之所以陷入輪迴，不得出離，關鍵就在於不瞭解自身，不瞭解世界眞相。因爲不瞭解，就會產生錯誤認知。這是煩惱痛苦的源頭，也是生死輪迴的根本。

其次，欲望和貪著也是導致輪迴的心理基礎。欲望代表生命內在的需求，包括生理和心理兩個方面。凡夫有種種欲望，在它們的驅動下，就會不斷追逐五欲六塵，進而對此生起貪著，想要抓住它，占有它。貪是眾生不得解脫的關鍵所在。當你想要擁有什麼的時候，就會被它所捆綁。有些人被感情捆綁，有些人被地位捆綁，有些人被財富捆綁。你在乎什麼，就會被什麼綁住。

因爲貪著，還會希望我們貪著的對象永恆，但世間一切都是無常而脆弱的，這就使我們總是處於患得患失的惶恐中，沒有安全感，這也是現代人最爲普遍的問題之一。當我們過分在乎，就會因此產生焦慮，產生對立；當我們對貪著對象形成依賴，一旦失去，就會帶來憂傷、孤獨等種種負面情緒。可見，世間很多煩惱都和貪著有關。

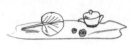

爲了維護這份貪著和現有條件，我們就需要不斷造業。「業」也是佛教和其他宗教共有的概念。所謂「業」，就是不同行爲帶來的結果。在性質上，有善業和不善業之分；在造作管道上，有身業、口業和意業之分。在輪迴過程中，「業」扮演著非常重要的角色，它是影響生命發展的力量，也是決定有情投生的關鍵。

關於輪迴的基礎，佛教和印度其他宗教的認識基本一致。不同在於，佛陀以他親證的智慧，對無明、欲望、貪著和業做了重新解讀。

解脫的方法

輪迴是充滿痛苦的。因爲它的基礎來自欲望和貪著，這本身就是製造痛苦的因。因此，印度所有宗教都以止息輪迴做爲修行目標。那麼，如何才能止息輪迴？這就需要從認知和實踐兩方面入手。

從認知上，要建立對宇宙人生的正確認識，這是走出輪迴、走向解脫的前提。印度傳統宗教認爲，可以透過學習《吠陀》《奧義書》等典籍建立認知。而在佛教的八正道中，也是以正見爲首，依正見而有正思維、正語、正業、正命、正精進、正念、正定的修行。兩者的區別，就在於認知內容不同，這也是佛教與其他宗教的不共所在。

在實踐上，印度傳統宗教主要有入山、出家、苦行和禪定等修行方式。入山是婆羅門教的傳統。他們認爲，人的一生應該由四個階段組成，即梵行期、家居期、林遁期和遊行期。林遁期就是指入山修行，是一個婆羅門的必經之路。

後來的一些新興宗教，如耆那教、佛教等，開始有專門的出家制度。所謂出家，就是放棄對世俗的占有，過著一無所有、無牽無掛的修行生活。佛世時，出家人基本以乞食爲生，在緬甸、泰國、斯里蘭卡等南傳佛教國家，至今仍保留著托鉢乞食的傳統。這種生活方式使出家人不必爲生計考慮，從而將全部精力投入修行，追求生命的最高價值。

此外，印度傳統宗教非常重視苦行。佛經中，記載了各種苦行外道的行爲，他們對色身的折磨簡直到了匪夷所思的地步。比如有人單足站立，也有人把自己倒掛在樹上，還有人持牛戒、狗戒，完全像動物那樣生活。他們覺得，透過這些苦行來折磨色身，就可以減少欲望，平息妄想。據說，印度現在還有數百萬的苦行僧，可見這一風氣之盛。

除了苦行，禪定也是印度傳統宗教公認的修行方式。他們認爲，人類的很多煩惱痛苦都和想法有關，而禪定正是調伏妄心的捷徑。所以，各種禪定方法非常盛行。

而佛陀以自身的修行經歷發現，苦行和禪定只能暫時平息妄想，就像用石頭把草壓住，雖然暫時不能生長，但根還在，種子的力量還在。一旦有了機會，就會繼續產生作用，並不是徹底的解脫，更不是究竟的涅槃。

其實，「解脫」和「涅槃」也不是佛教特有的概念，印度各種宗教多以此做爲修行目標。不同在於，佛陀對解脫和涅槃做了重新解讀，並爲我們指出了達成這一目標的正確途徑。

佛教對輪迴的認識

佛教就是出現在這樣一個有著深厚宗教文化背景的國度。那麼，佛陀是如何契入修行，並探索出一條眞正的解脫之道？

佛陀的出家與求道

稍具佛教常識的人都會知道，佛陀當年是因爲看到老病死的痛苦而發心修道，了生脫死。《阿含經》記載，佛陀曾身爲釋迦族的太子，名悉達多，從出生起就在宮中享受榮華富貴，從來不知痛苦爲何物。一次偶然的機會，他出宮巡遊，看到世間有著他之前從未看到的衰老、疾病和死亡。更讓他感到震撼的是，一切生命都要面臨這樣的結局，無法倖免。在老病死的面前，人們在世間擁有的一切，都顯得蒼白無力。無論是財富、地位，還是青春、美貌，都不能減緩衰老，不能抵禦疾病，更不能阻止死亡。所以，悉達多太子決定尋求涅槃之道，尋求生命永恆的價值。爲了實現這個目標，他放棄了錦衣玉食的生活，剃髮出家，走上修行之路。

佛陀出家後，遍訪印度各種宗教，並跟隨當時最負盛名的兩位仙人修習禪定，很快達到和他們同等的境界，即無所有處定和非想非非想處定。但佛陀透過自身實踐發現，這並不是眞正的涅槃。因此，又繼續修習了六年苦行，而且是最爲艱苦的、常人難以忍受的苦行，使身體極度虛弱，奄奄一息。最終發現，苦行也不是究竟的解脫之道。因爲苦行和禪定只能暫時平息欲望，使煩惱不再現行，卻不能從根本上解決它，就像被石頭壓住而不是連根拔除的草，隨時都在尋找重生的機會。

發現生命輪迴的規律——十二因緣

所以，佛陀開始自己探索生命的覺醒之道。經典記載，佛陀來到菩提迦耶，在菩提樹下結跏趺坐，進入甚深禪定，在定中觀察生命的整個流轉過程。

佛陀對生命現象的觀察，可以總結爲十二因緣。也就是說，生命遵循無明緣行、行緣識、識緣名色、名色緣六入、六入緣觸、觸緣受、受緣愛、愛緣取、取緣有、有緣生、生緣老死的規律而延續。就像河流，從無窮的過去一直延續到無盡的未來。

其中，又以無明爲輪迴之本。因爲無明，因爲人類對自身的不瞭解，就曾在接觸世界的過程中形成誤解，這是製造輪迴的動力。其次是從識到名色、六入，屬於認知的建立。接著就產生心理活動，即觸、受和愛、取、有，最終帶來生和老死的結果。

無明造成的誤解，包括所知障和煩惱障兩種。所知就是我們的認識對象。因爲沒有智慧，所以對客觀世界乃至生命自身都不能正確認識。佛教認爲，人類認識的最大盲點就是「我執」。這一觀點和印度其他宗教截然不同。印度其他宗教，從《奧義書》到吠檀多派，乃至勝論派、數論派等，都認爲生命中有一個「我」。所謂「我」，即不依賴條件就可以獨立存在的，也是恆常不變、具有主宰作用的。比如婆羅門教認爲，生命中的一切現象都會變化：身體會變化，心理會變化，唯有這個「我」是不變的，並貫穿整個輪迴。在造業受報的過程中，無論情況如何變化，唯一不變的就是這個「我」，它是作者，也是受者。解脫，同樣是由這個「我」去解脫。

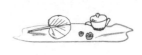

但佛陀以他的智慧觀察到，根本不存在所謂的「我」。世間一切都是緣起的，是各種條件的組合，並沒有固定不變的特質，所以佛教屬於「無我論」。佛教的三法印，就是「諸行無常、諸法無我、涅槃寂靜」。其中，又以「諸法無我」爲佛教和其他宗教的不共所在，這也是判斷佛教和非佛教的重要標準。

可能有些人會問：既然「無我」，那眼前這個會說會動的人是誰？難道這是不存在的嗎？事實上，佛教要否定的「我」，並不是我們的色身，而是其他宗教所認爲的、恆常不變且有主宰作用的「我」。對緣起的假我，比如這個色身，包括我們在想什麼，做什麼，並不是佛教所否定的。所以，佛教講到「無我」的時候，並不是說你的五蘊身不存在，而是說在這個生命現象中，不存在常一、不變、主宰的「我」。

在佛教經典中，有大量篇幅在對這個「我」進行批判。佛教認爲，這種對自我的錯誤認定，正是製造輪迴的根本。而對凡夫來說，我們往往本能地覺得生命中有一個恆常不變的「我」，佛法稱之爲「俱生我執」。

究竟什麼代表「我」的存在？如果加以分析，我們會發現，這個「我」是找不到的。我們所以爲的「我」，只是附加其上的種種支撐，佛教稱爲「我所」，即和我有關係的，比如我的相貌、身體、地位、財富、家庭、朋友等等。我們可能把相貌當作是我，把身體當作是我，把地位、財富當作是我，把擁有的一切當作是我。當我們把這些對象執以爲「我」或「我所有」的時候，我執就由此而生了。

我執通常會有三種表現，即自我的重要感、優越感和主宰欲。所謂重要感，就是把與「我」有關的一切看得格外重要；所謂優越感，就是希望自己出人頭地，高人一等；所謂主宰欲，一是希望別人順從於我，二是希望我可以支配別人。在這個世間，我們除了生存以外，基本都在爲這三種感覺活著，讓自己顯得比別人更重要，更優越，從而讓別人聽從於我，這就造成了人與人之間的對立和爭鬥。

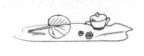

而「無我」的思想告訴我們：我們現在認定的「我」，其實只是一個緣起假相，並不能代表眞正的「我」。相貌可以代表「我」嗎？相貌是隨著年齡不斷變化的；情緒可以代表「我」嗎？情緒是隨著外境起伏不定的。可見，我們所認定的「我」，都不能代表眞正的「我」，或者說，根本就不存在所謂的「我」。

但因爲無明，我們會在這個緣起現象上產生「我執」，進而引發愛、取、有，也就是需求和貪著，這是推動輪迴的兩大動力。因爲有了「我執」，這個自我就需要比別人重要，比別人優越，也需要能主宰別人。

每個人會有不同的需求和貪著，有的人偏向財富，有的人偏向事業，有的人偏向權力。因爲需求，就會展開追求；在追求過程中，又會進一步強化貪著。而這種貪著，則會使需求不斷壯大。也就是說，每種需求和貪著會不斷重複。生命就在這樣的重複中不斷輪迴。這是我們現世就能看到的輪迴，不必等到來世，事實上，生活中時時都在發生，都可以看到。

除了愛取有之外，業力也是決定輪迴的力量。業就是行爲，包括身口意三種。每種行爲發生後，都會形成相應的心理力量。在無盡的生命延續過程中，這種心行積累從來都沒有停止。

在座的每一個人，我們今天的想法、性格、能力，固然和今生接受的教育、所做的事情有莫大關係，但也離不開過去生的種種積累。我們來到這個世界時，並不是一張白紙，而是帶著往昔的生命經驗。而今生的行爲，又會成爲未來生命的起點。我們做什麼，就在決定什麼樣的生命走向。帶著貪心做事，就在成就貪心；帶著瞋心做事，就在成就瞋心；帶著嫉妒心做事，就在成就嫉妒心；帶著慈悲心做事，就在成就慈悲心；帶著智慧做事，就在成就智慧。

在佛教看來，人的貴賤不是由地位、財富決定的，而是取決於你的行爲。如果行爲高尚，就是高尚的人；如果行爲低賤，就是低賤的人。換言之，行爲造就了我們的心態、性格和人格。你做了什麼，就會成爲什麼樣的人。這個過程就是輪迴的延續。

佛教認爲，生命是緣起的，由眾緣和合而成。正因爲它是緣起的，所以才具有可塑性。每個人可以透過正確的認識和選擇，對生命進行管理。我們內心有各種心理，包括善的、不善的，從而給生命帶來不同結果。修行所要做的，就是平息不善的心理，進而開展善的心理。

以上，簡要介紹了佛教和印度其他宗教對輪迴的認識。其共同點在於，都講到無明、欲望、貪著和業，而不同之處是對無明的認識。印度其他宗教是以「我」做爲輪迴主體，而佛教是以「無我」爲核心思想，這是兩者的根本差別。當然，對於欲望、貪著和業等問題，佛教和其他宗教也有不同解讀，但不是重點所在。關鍵的差別，在於對「我」和「無我」的認識。正是這一點，決定人們能否眞正圓滿智慧，成就解脫。

佛教的解脫思想

對輪迴的認識，主要體現在認識和實踐兩方面。同樣，出離輪迴也需要從這兩方面著手。在這個問題上，佛法和其他宗教又有什麼不同呢？

依聞思樹立正見

學佛，是要學習佛法的智慧，並以這樣的智慧看人生，看世界。所以，佛教非常強調聞思修，強調信解行證。也就是說，學佛要建立在正確認識的基礎上，依正見建立正信。

那麼，如何建立對宇宙人生的正確認識？這就需要從聞思經教入手。佛陀在四十九年的教化中，給我們留下了大量經典。在這些言教中，不僅蘊涵著認識宇宙人生的智慧，也蘊涵著解決迷惑煩惱的智慧。我們希望從佛法中受益，首先就要瞭解佛陀給我們提供的觀察世界的方法。

因緣因果

佛教是緣起論。如果用一個詞來概括佛法對世界的認識，那就是「因緣因果」。

世間一切現象，乃至我們的色身，都是緣生緣滅、緣聚緣散的。各種條件具備，就有某種現象產生；相關條件敗壞，這個現象就會隨之消失。從緣起看世界，一切都是因緣的假相。離開條件和關係，根本找不到固定不變的實質。色身有固定不變的實質嗎？房子有固定不變的實質嗎？不必說這些，即使我們生活的山河大地，即使地球所在的浩瀚宇宙，也是因緣的假相而已。

但眾生因爲無明，往往會對世界有很多錯誤認識，覺得生命中有一個恆常不變的自我，期待我們擁有的家庭、事業、人際關係都能天長地久。事實上，這只是人們一廂情願的幻想而已。從緣起角度看世界，沒有任何現象是永恆的。

無常

佛教講無常，就是要破除我們對生命和世界的常見，這一智慧非常重要。不少人對無常的認識偏於消極，覺得無常就意味著一切都在走向毀滅。事實上，無常本身離不開緣起。因爲無常，所以一切都是可以改變的，壞的可以變好，好的也可以變壞。

它朝什麼方向改變，取決於我們創造什麼樣的條件。

如果我們種下善因，付出正向努力，就會招感樂果。反之，如果我們種下惡因，輔以負面行爲，則會招感苦果。可見，無常只是體現一種規律，無所謂好壞，關鍵在於我們如何認識，如何運用。認識到這種眞相後，就可以避免因爲執常帶來的痛苦和傷害。

無我

佛教認爲，人類一切的煩惱和痛苦都和我執有關，和對自我的錯誤認識有關。在生活中可以看到，如果一個人處處以自我爲中心，他的煩惱往往特別多，他的人際關係往往特別糟糕。反之，如果一個人總是關心別人，處處以他人而非自我爲中心，那麼，他一定是沒時間也沒精力煩惱的。因爲他本來就一心想著別人，所以不會去攀比、嫉妒，更不會與人勾心鬥角。這樣的人，不論到哪裡都會受到歡迎。

前面說過，人們都在爲自我的重要感、優越感、主宰欲而努力。事實上，追求這三種感覺非常辛苦。爲了保持重要感，必須處處自我表現；爲了保持優越感，就容不得別人比自己出色；爲了保持主宰欲，必須把自己凌駕於他人之上。對於這些人來說，周圍的一切都可能成爲潛在的對手，甚至是潛在的敵人。在這樣的心境下，還有可能快樂嗎？

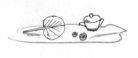

所以說，我們現在認定的「自我」，正是一切煩惱的根本，也是製造輪迴的根本。只有破除我執，放棄這些錯誤設定，才能眞正認識自己。否則，就會被錯誤認知所遮蔽，永遠看不清自己的本來面目。

生命像河流一樣，相似相續，不常不斷。其中雖然沒有恆常不變的「我」，但這些行爲將對未來生命產生影響。因爲行爲會形成經驗，造就心態，最終影響我們的人格。這就是生命的因果。換言之，我們所有的行爲，會讓生命不斷增加新的內容，進而影響它的未來走向。如此，生生不息。

瞭解緣起的因果之後，我們就可以根據自身選擇，來調整生命的發展方向。知道哪些是良性心理，應該積極發展；知道哪些是不良心理，必須盡快斷除。

生命就像一個產品，其品質就取決於我們自己。我們培養什麼樣的心行，便會造就什麼樣的生命品質。發展慈悲，會成就慈悲的生命品質；發展貪婪，會成就貪婪的生命品質；發展智慧，會成就智慧的生命品質；發展仇恨，會成就仇恨的生命品質……眞正瞭解生命之後，我們會發現，生命完全可以按照我們的規劃去發展。

現在社會上有很多商業培訓，對人的職業生涯進行規劃。我們學佛，是要對生命發展進行規劃。職業規劃不過是幾十年甚至幾年的事，而生命規劃不僅關係到我們今生，還關係到我們盡未來際的生命。

如果在無明的狀態下，發展的必然是貪瞋癡，必然是混亂的生命。這種生命是沒有方向、隨波逐流的，不知道生命從哪裡來，又去向哪裡，只是跟著社會潮流，跟著大眾的價值取向四處攀緣。所以，凡夫的生命發展純粹是盲目的。

學佛，就是要認清生命眞相，這樣才能對人生合理規劃，讓生命健康發展。一個人能實現多大的生命價值，就取決於我們對生命眞相的瞭解有多少。如果不知道生命蘊涵著什麼價值，怎麼談得上開發它，實現它？

就像我們擁有一座礦山，首先要對它進行全面勘探，才能準確評估其中蘊涵的價值。同樣，我們要瞭解人身的價值，勢必要對生命眞相有正確瞭解。佛法就是幫助我們認識生命眞相的智慧。

依戒定慧走向解脫

從實踐來說，佛教和其他宗教一樣，也要解決欲望、貪著及由貪著產生的各種煩惱妄想。常規的修行道路，就是戒定慧三無漏學。

佛陀最初在鹿野苑宣說四諦法門時，就提出中道的修行。中道包含兩個方面，一是認識的中道，二是生活方式的中道。

在認識上，要遠離常見和斷見。常見就是執著有一個常恆不變的「我」，斷見就是認爲「人死如燈滅」，這兩種認識都是片面的，不符合眞相的。

在生活方式上，佛陀教導我們依戒生活，既不能放縱欲望，也不必無益苦行。因爲佛陀以親身經歷認識到，透過一味虐待身體來消除欲望，是不正確也不可取的。

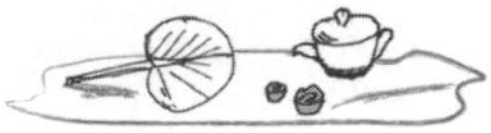

不少人對戒律有畏難情緒，覺得那是一種束縛，事實上，戒律不僅是得定發慧的基礎，也是健康生活的保障。戒律的精神主要有兩點，首先是止惡修善，其次是遵循簡樸自然的生活。戒律中，對出家人的衣食住行都有詳細規定。因爲人很容易對擁有的東西產生貪著，進而爲其所縛，這就需要從源頭進行約束，減少對物質的欲望。

很多宗教都認爲，欲望是充滿罪惡的，但佛教並沒有徹底否定欲望，而是把欲望分爲善、不善、無記三類。比如正常的生理需求，餓了要吃飯，睏了要睡覺，本身說不上好壞，屬於無記。但如果我們爲了吃好住好不擇手段，甚至坑蒙拐騙，就是需要斷除的不善欲望了。如果我們想追求解脫，造福社會，則屬於善法欲，需要大力提倡。佛教所說的菩提心，就是善法欲的表現。所以說，欲望未必是洪水猛獸，關鍵是過一種健康樸素，而不是爲物所累的生活。

當今人類的生活方式，不僅對修行有極大障礙，也對環境造成了不可逆轉的破壞。我們要保護環境，就必須從生活方式開始改變。如果繼續這種鼓動消費、放縱欲望的生活，生態問題只會愈演愈烈。所有的環境問題，不論是空氣污染還是資源的過度開採，根源都在於人類的生活方式。

從修行角度來說，戒律就是幫助我們建立健康的生活方式。生活簡單，心就容易清淨。反之，如果生活喧鬧混亂，心一定也會動盪不安。即使想要聞思或禪修，到了座上也不容易靜下來，所謂樹欲靜而風不止。

生命是一個緣起的存在。從我們的行爲到生活方式，都會影響到生命的積累。擁有什麼樣的生活方式，就會形成什麼樣的心理積累。所以，戒律是修行的重要基礎。有了這個基礎，才能進一步修定、發慧。

禪定並不是佛教特有的，而是印度傳統宗教共同的修行項目。不過，單純的禪定是建立於迷惑的生命系統，只能讓妄想暫時平息下來，不能從根本上斷除它。

佛教的修行，是在禪定基礎上以正見進行觀照，從而照破煩惱，照見諸法實相。所有煩惱都和我們的認知有關。社會上正提倡重塑三觀，即人生觀，世界觀，價值觀。學佛也是改造三觀的工程，透過修學，把佛法智慧落實到心行，轉變爲自身的認識。只有這樣，遇到問題時才能以佛法正見來看待，從而解決煩惱。

生活中每天會發生很多事，這些事會對我們產生什麼影響，關鍵不在於事情本身，而在於我們怎麼看。如果能以智慧加以觀照，任何事都不會對我們產生傷害，順境有順境的幫助，逆境有逆境的加持。反之，如果觀念存在問題，每件事都可能給我們帶來煩惱，順境會讓人得意忘形，逆境又會讓人怨天尤人，所謂「天下本無事，庸人自擾之」。可見，所有煩惱都是我們自己造成的。外境之所以會給我們帶來傷害，關鍵不在於事情本身，而在於我們怎麼看待，在於我們的認知是智慧還是錯誤的。

我們沒有學佛前，內心往往積累了或多或少的負面情緒，覺得哪個人傷害過我，哪個人對不起我，哪個人和我過不去，等等。這些心結都和錯誤認知有關。心理學上的認知療法，就是透過改變認知，達到解決心理問題的效果。如果能以佛法智慧重新審視，你會發現，所有煩惱都是沒有根的，只是錯誤認知引發的一堆混亂情緒而已。

煩惱有見惑和思惑之分。見惑就是認知的錯誤，思惑則是由錯誤認知積累的不良心理，這就需要依無常無我的正見做空性觀修。一旦認清眞相，煩惱就沒有立足之地了，由錯誤認知引發的迷惑也會得以瓦解。

輪迴的根本就在於迷惑和煩惱。如果把根本動搖了，就能超越輪迴，證得涅槃。這是解脫道的修行理路。

悲願無盡的菩薩道修行

在社會大眾的印象中，往往覺得佛教消極悲觀。之所以會這樣，很大一部分原因在於，解脫道的修行從認識到結果都偏向否定。比如無常，是對常的否定；無我，是對我的否定；說人生是苦，是對世俗快樂的否定；至於涅槃，則是對整個輪迴的否定。有人會因此產生這樣一個疑問：如果輪迴停止了，未來是什麼？生命是否由此終止？如果這樣，人生究竟還有什麼意義？這也使得一些人對學佛產生畏懼心理。

如果我們在解脫道的基礎上，再接受大乘菩薩道的思想，對這個問題的認識就會完全改變。生命有兩個面向，既有魔性，也有佛性；既有根本無明，也有本來具足的智慧德相。解脫道是偏向對負面情緒的否定，而菩薩道在否定的同時，非常重視對正向品質的開顯。

我們知道，輪迴的世間是由無明幻化出來的。無明本身是虛幻的，尚且能幻化出如此豐富的世界，而佛性、智慧、覺醒是代表生命中的根本力量，一旦開發這種力量，其作用難以想像。所以，只有學習大乘佛法，才能完整瞭解生命的價值，瞭解佛菩薩的功德。

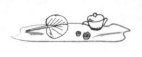

空——消除世出世間的對立

論及大乘佛法，首先要說到無自性空的思想。雖然《阿含經》中也說到空，但比較簡單，沒有大乘佛法那麼深入。尤其是般若經典，對空的闡述極爲豐富，比如六百卷《大般若經》，都是在幫助我們認識空性。

從聲聞乘的觀點看，只有斷除無明，才能成就智慧；擺脫煩惱，才能證得菩提；超越生死，才能證得涅槃。換言之，世間和出世間是二元對立的，無明和智慧是對立的，煩惱和菩提是對立的，生死和涅槃也是對立的，必須放棄這個才能成就那個，結束這個才能追求那個。所以，解脫道的修行偏向出世。

而空的智慧告訴我們：世間和出世間的本質是相同的；生死和涅槃的本質是相同的；煩惱和菩提的本質是相同的。在本質上，一切都是無自性空的。不必逃避煩惱，就可以直接在煩惱中體認煩惱的本質，從而幫助我們消除世間和出世間的對立、煩惱和菩提的對立、生死和涅槃的對立。

每個人有不同的生活，在做不同的事，但空性蘊涵在一切時，一切處。懂得這個道理之後，就可以在生活的每個當下體會空性，觀察一切都是無自性的，是因緣假相。

《心經》所說的「色不異空，空不異色，色即是空，空即是色」，和《金剛經》中「所謂、即非、是名」的三段式，都是幫助我們認識空性的竅訣。比如杯子，它的本質就是空性，依《心經》的解讀，就是：杯子不異空，空不異杯子，杯子即是空，空即是杯子。依《金剛經》解讀，就是：所謂杯子，即非杯子，是名杯子。杯子是因緣和合的，是無自性空的，其存在只是一種條件假相，並沒有固定不變的實體。

包括世間的任何事物，我們都可以做這樣的解讀——所謂事業，即非事業，是名

事業；所謂家庭，即非家庭，是名家庭；所謂感情，即非感情，是名感情。如果我們能以般若思想提供的公式去觀察，就能在生活的每個當下直接體認空性。

所以，菩薩道的修行不一定要出離世間，也不是要我們放棄一切，而是引導我們運用空性智慧，把世間和出世間統一起來，在世間的當下超越世間，在煩惱的當下體證菩提，在生死的當下體證涅槃。擁有這樣的智慧，直接就可以在世間修行，不一定要遠離塵囂，入山唯恐不深。這是大乘佛法給我們提供的重要思想，所謂「以出世心行入世事」。

佛性——開顯出世的本懷

佛性思想則是讓我們瞭解，每個生命都具備覺悟潛質，都能成佛。無明使生命充滿混亂和煩惱，不能自主。但在這個迷惑系統的背後，還蘊涵著無限寶藏，那就是圓滿無缺的覺性。

在生命的某個層面，我們和佛菩薩是無二無別的。或者說，佛菩薩所具備的慈悲和智慧，也是每個眾生本來具足的。這些品質不會因爲我們是凡夫就減少，也不會因爲我們輪迴六道而丟失，它是在聖不增，在凡不減的。我們要做的，就是去認識它、開發它。這一認識，爲我們的修行提供了非常重要的信心。

菩提心——悲願無盡

衡量一個人是不是大乘佛子，關鍵取決於他是否生起菩提心，是否具備「我要幫助一切眾生解除生命痛苦，從迷惑走向覺醒」的崇高願望。只有具備這種願望，才能稱之爲大乘行者。反過來說，如果不具備這樣的願望，不管讀多少大乘經典，修多少大乘法門，都不能算是大乘行者。

發菩提心，就是以覺性爲基礎，進而建立無盡的悲願。當我們生起「盡未來際利益一切眾生」的願望後，就永遠不會失業了。

菩薩的四弘誓願，就是「眾生無邊誓願度，煩惱無盡誓願斷，法門無量誓願學，佛道無上誓願成」，這是何等深廣的願力！

菩薩道的修行，是在利益眾生、幫助眾生走向覺醒的過程中，完成慈悲的修行。正如〈普賢菩薩行願品〉所說：「一切眾生而爲樹根，諸佛菩薩而爲花果，以大悲水饒益眾生，則能成就諸佛菩薩智慧花果。」這種慈悲不是我們平時的小慈小悲，而是觀音菩薩那樣的大慈大悲，其標準，就是對一切眾生都能生起慈悲。如果還有一個眾生不是他慈悲的對象，這個修行就是不圓滿的。

另一方面，菩薩在利益眾生的同時，也在弱化我執。所以利他不僅可以成就慈悲，同時也可以成就智慧，這是非常重要的修行。不過我們要注意，做事也很容易成就我執，成就自我的重要感、優越感、主宰欲。換言之，做事既可以成就無我，也可以成就我執，關鍵是自己的發心。只有帶著純粹利他的心做事，才能成就無我。

在菩薩道的修行中，中心的轉變非常重要。凡夫的人格，是依自我爲中心建立起來的，這就必須完成生命中心的改變。將原來的以自我爲中心，轉變爲以三寶爲中心，以眾生爲中心。

〈普賢菩薩行願品〉告訴我們：「若令眾生歡喜，則令諸佛如來歡喜。」可見，菩薩的修行必須以眾生為中心。只有轉變中心，才有可能弱化我執。在弱化我執的過程中，不僅能成就智慧，也能成就慈悲。所以，利他在大乘佛法的修行中具有不可思議的功用。

結語

關於「輪迴與解脫」的主題，我們首先介紹了印度傳統宗教的觀點，然後重點介紹了佛法對這一問題的認識，進而說明解脫道和外道的差別，以及大乘佛法和解脫道的不同重點。只有把這些問題搞清楚，修行才能眞正相應。

7

涅槃之美

在一般人的觀念中，可能會將涅槃等同於死亡，或視爲生命走向虛無的表現。這一認知並非毫無依據，比如佛教紀念日中的「佛陀涅槃日」，就是指本師釋迦牟尼佛在拘尸那迦城娑羅雙樹下圓寂的日子。兩千多年來，古今中外的佛弟子們也用繪畫、雕塑等各種方式表現了這個場景。但我們要知道，這只是象徵色身的入滅，並不是生命的虛無，更不是涅槃的全部內涵。

在印度宗教史上，涅槃是非常重要的概念，代表著終極價值，也是各種宗教修行的目標所在。佛教源自印度，同樣以涅槃爲追求。與其他宗教不同的，只是在於對涅槃的解讀，以及證悟涅槃的途徑。

從成功學的角度來說，中國人追求的成功是修身、齊家、治國、平天下，主要立足於這一生，立足於現世的道德圓滿、功成名就及造福社會。但印度人追求的成功是立足於生命的過去、現在、未來，是從生命自身而不是某些現象來審視。就這個意義而言，涅槃代表著生命的成功，相比現世的一切，顯然更深遠，更究竟。

所以說，佛教對中國傳統文化有著重要的補充作用。一方面，佛教的影響遍及哲學、文學、藝術、民俗等領域；另一方面，佛教關於心性和輪迴的理論，不論從廣度還是深度，都可以彌補中國傳統文化的不足，拓寬了國人對生死和宇宙的認識。而在心性和輪迴的理論中，涅槃是不可或缺的概念。

究竟什麼是涅槃？如何才能證悟涅槃？這不僅是值得探討的話題，而且和每個人休戚相關，並不像某些人以爲的，只是形而上的哲學問題或宗教問題。以下，我想從幾個方面和大家分享。

從印度文化看涅槃

印度的宗教和哲學非常發達。佛經記載，「爾時王舍城有九十六種外道」，說明佛世時就有九十六種宗教。其中，最古老的婆羅門教已有三千多年歷史。他們把人的一生分爲四個時期，最初是梵行期，學習吠陀等經典；然後是家居期，成家立業，傳宗接代；接著是林遁期，到森林中一心修道；最後是雲遊期，遊化四方。簡單地說，前半生主要完成世間責任，後半生是爲信仰而活著。

因爲這樣的傳統，很多人經歷過長期的禪修訓練。在此過程中，經由自己的宗教體驗，形成對人生和世界的解讀，就可能自創宗派。這使得印度的宗教流派層出不窮。但所有宗教的核心思想，無非是輪迴和解脫。

所謂輪迴，即生命如何從過去走到現在，再從現在走向未來，如何完成過去、現在、未來的延續。除了對輪迴現象做出解釋，印度宗教普遍認爲輪迴的本質是痛苦的，人生價值就在於斷除輪迴之因，走向解脫，證悟涅槃。這也是各宗教的共同目標。區別在於，對涅槃的境界會做出不同詮釋，且抵達涅槃的修行方法不同。

印度宗教普遍認爲，無明、欲望、貪著是造成輪迴的根本。無明，是對生命和世界的無知。因爲無明，就會對外境產生貪愛，產生欲望。這種貪愛和欲望就像繩索，將我們捆綁在輪迴中。怎樣解決輪迴之因？除了相應的見地，印度宗教普遍推崇禪定和苦行，認爲透過禪定可以令心安住，透過苦行可以降伏欲望。

至於對涅槃的理解，印度宗教往往認爲，成就四禪八定就是涅槃。根據《奥義書》的思想，認爲宇宙是大我，個體生命是小我，當小我回歸大我並與之融合時，就是涅槃的境界，所謂梵我一如。《大毗婆沙論》中，也列舉了外道的五種現法涅槃論，如以「受妙五欲名得第一現法涅槃」等。

我們今天說到的很多佛教名相，包括涅槃，並不是佛教特有的，而是產生於這個共同的思想背景下。雖然使用同樣的概念，但其中的內涵大相徑庭。佛陀當年出家修行時曾跟隨兩位老師，修習無想定和非想非非想處定，並很快成就，得到老師的認可。但佛陀發現，這些只是意識的特殊狀態，不是究竟的涅槃，並沒有徹底解決迷惑和煩惱。只是透過禪定讓它們暫時止息，不起作用。一旦出定或遇到對境，這些迷惑和煩惱還會復甦。

總之，涅槃、解脫和輪迴是印度文化的共同核心，也是印度文化特有的、有別於世界其他文化的關注點。

佛教對涅槃的理解

佛教又是怎麼理解涅槃的呢？佛教有三大語系，眾多法門，簡單地劃分，可以分

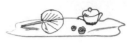

爲小乘和大乘，又稱聲聞乘和菩薩乘。

聲聞乘

聲聞乘對涅槃的理解偏向否定，這是立足於涅槃本身的含義。涅槃，意指火的息滅或風的吹散，延伸爲寂滅、寂靜、滅度。佛法認爲，凡夫生命都蘊涵著貪瞋癡三種病毒，這是製造痛苦和輪迴的根源。如果想要解脫輪迴，證悟涅槃，首先要平息這三種病毒。

正如《雜阿含經》所說：「貪欲永盡，瞋恚永盡，愚癡永盡，一切諸煩惱永盡，是名涅槃。」《入阿毗達磨論》同樣告訴我們：「一切災患煩惱火滅，故名涅槃。」在這個角度，涅槃代表煩惱的滅盡。

在聲聞乘中，涅槃分爲兩種，一是有餘依涅槃，一是無餘依涅槃。所謂有餘依涅槃，即行者已證悟阿羅漢果，徹底平息內在惑業，但五蘊的果報身還在。可見，涅槃並不等於死亡。只有進入無餘依涅槃，不僅平息了惑業，且色身也走到終點，不再輪迴。

《本事經．二法品》說：「涅槃界略有二種。云何為二？一者有餘依涅槃界，二者無餘依涅槃界。云何名為有餘依涅槃界？謂諸苾芻，得阿羅漢，諸漏已盡，梵行已立，所作已辦，已捨重擔，已證自義，已盡有結，已正解了，心善解脫，已得遍知，宿行為緣，所感諸根猶相續住。雖成諸根，現觸種種好醜境界而能厭捨，無所執著，不為愛恚纏繞其心，愛恚等結皆永斷故……乃至其身相續住世，未般涅槃，常為天人瞻仰禮拜，恭敬供養，是名有餘依涅槃界。云何名為無餘依涅槃界？謂諸苾芻，得阿羅漢，諸漏已盡……彼於今時，一切所受無引因故，不復希望，皆永盡滅，畢竟寂靜，究竟清涼，隱沒不現。惟由清淨，無戲論體。如是清淨，無戲論體。不可謂有，不可謂無，不可謂彼亦有亦無，不可謂彼非有非無。惟可說為不可施設究竟涅槃，是名無餘依涅槃界。」

關於這個問題，人們常見的困惑還在於：涅槃後到哪裡去？輪迴的生命千姿百態，如果這個生命停止，會進入什麼狀態？是空無所有，還是存在於另一個空間呢？

從聲聞乘來說，涅槃意味著生命將融入空性的海洋，體會空性的無限喜悅。正如《阿毗達磨俱舍論．分別根品》所說：「此極寂靜，此極美妙，謂捨諸依，及一切愛盡離染滅，名為涅槃。」巴利藏《相應部》則告訴我們：「涅槃超越種種無常變化，痛苦憂毀。它是不凋謝、寧靜、不壞、無染、和平、福祉、島洲、依怙、皈依處、目標、彼岸。」

由此可見，聲聞乘對涅槃的表述雖然偏向否定，但絕不等於虛無。

菩薩乘

而大乘經典對涅槃的表達更重視肯定的層面。《大般涅槃經．如來性品》說：「若油盡已，明亦俱盡。其明滅者，喻煩惱滅。明雖滅盡，燈爐猶存。如來亦爾，煩惱雖滅，法身常存。」涅槃代表煩惱和輪迴的息滅，雖然燈火已滅，但燈座尚存。如來也是同樣，雖煩惱已盡，但法身常在。

《涅槃經》中，佛陀還辨析了大小乘佛法對涅槃的不同側重，告訴我們：「若言如來入於涅槃，如薪盡火滅，名不了義。若言如來入法性者，是名了義。聲聞乘法則不應依。」如果僅僅像聲聞乘所說的那樣，認爲涅槃只是息滅了迷惑煩惱，這種表達並不究竟。事實上，涅槃還代表佛菩薩入法性，證法身，成就種種功德。正如經中所說，涅槃具足法身、般若、解脫三德；具足常、樂、我、淨四德；還具足甜酥八味，分別是常、恆、安、清涼、不老、不死、無垢、快樂。所以說，涅槃之體不是落於寂滅的頑空，而是以實相、法身爲體，有無盡妙用。

基於此，菩薩乘講到四種涅槃，除了聲聞乘的有餘依涅槃和無餘依涅槃，還有自性清淨涅槃和無住涅槃。

何爲自性清淨涅槃？《六祖壇經》開篇即以「菩提自性，本來清淨，但用此心，直了成佛」四句話告訴我們：一切眾生都有菩提自性，並且它是本來圓滿的，所以眾生都有自我拯救的潛力，都具足自性清淨涅槃，都能成佛。它就在生命的某個層面，在凡不減，在聖不增。修行要做的，是體認並開啓這個本來具足的菩提自性，這是成佛的根本。在這個層面，我們和三世諸佛，乃至六道一切眾生是平等無別的。

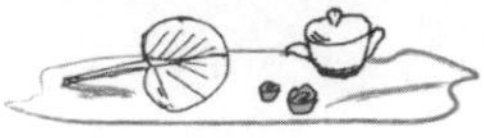

而無住涅槃更開顯了大乘佛法的特色，體現了佛菩薩和阿羅漢最大的不同。聲聞乘的修行是發出離心，所以阿羅漢在證悟涅槃後，所作已辦，不受後有，將自己融入空性，安享法喜。而佛菩薩不僅發出離心，還要發菩提心，這就意味著對一切眾生做出承諾：我要盡未來際地走向覺醒，同時帶領一切眾生走向覺醒。所以佛菩薩在具足解脫能力後，還以利益眾生爲使命。他們看到眾生在六道受苦受難，在大悲心的驅動下，一生又一生地入娑婆，度眾生。

佛菩薩有兩大品質，一是智慧，一是慈悲。因爲有通達涅槃的智慧，所以在度化眾生的過程中就不會黏著，或陷入輪迴的事相，如蓮花出淤泥而不染。因爲有無限的慈悲，所以將輪迴做爲道場，尋聲救苦，而不是獨享涅槃之樂。

佛菩薩之所以能平衡出世與入世，正是因爲智慧和慈悲兩大法寶，所謂智不住生死，悲不住涅槃。凡夫沒有出世的智慧，看不透輪迴本質，所以無法在入世時保持超然，容易貪著名利、地位、財富，貪著輪迴盛事，陷入有的執著。聲聞人雖有透徹世間的智慧，但沒有承擔的大悲，所以視三界如火宅，生死如冤家，對輪迴避之唯恐不及。而菩薩既有出世的超然，又有入世的悲心，才能以出世心行入世事，廣度眾生，無有疲厭。這正是無住涅槃的殊勝所在。

總之，佛教對涅槃的認識主要有兩種。一是聲聞乘的認識，偏向否定；一是菩薩乘的認識，在否定的同時有正向的開顯。兩者在廣度和深度上都是不一樣的。

涅槃之美

瞭解涅槃的概念後，接著說說涅槃之美。這裡的涅槃屬於佛教的範疇，而不是印度其他宗教所說的涅槃。

從佛法的角度看，涅槃體現了一種出世的美，聖賢的美，佛菩薩的美。在世人的認知上，可能很難想像這是什麼樣的美。但我相信大家瞭解之後，一定會對這種終極的美心生嚮往。那麼，涅槃的美具有哪些特質呢？

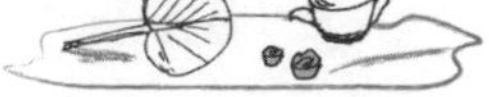

涅槃，是空的美

首先，涅槃屬於空的美。常人比較熟悉的，是存在的美，包括各種藝術品、生活品，乃至大自然中的一切。也就是說，我們對美的認知是需要對象的，是建立在有的層面。

而我們在認識這些美的同時，很容易產生執著，建立二元對立的世界，比如美與醜，善與惡，貴與賤，你與我。而對立又會帶來貪和瞋，帶來得失的焦慮和痛苦。所以這些美在帶給我們享受的同時，也會帶來種種負面作用。

而涅槃需要我們去體會空的美。如何從習以爲常的有，進入對空的認識？這就需要透過修行，消除二元對立。

佛教唯識宗認爲，一切現象都是我們內在迷惑的顯現。因爲凡夫是戴著有色眼鏡看世界，所看到的，只是被有色眼鏡處理過的影像。這就告訴我們，不要執著有客觀、固定、不變的世界。從本質上說，一切都是心的顯現，是由心決定的。

唯識宗還進一步讓我們審視：心又是什麼？如果我們學會審視內心，會發現心是無形無相的，沒有顏色，沒有形狀。既然這顆心了不可得，由此產生的情緒和妄想也就沒有立足之地了。這樣才能體會虛空般無限的心，也就是心的本來面目。

說到涅槃之美是空，可能有人會覺得：涅槃是不是像虛空一樣，什麼都沒有？其實空是代表涅槃的特質，但不是虛無，不是什麼都沒有。因爲空，才能無限；因爲空，才能包容萬物，生長萬物。

一個人的世界有多大，取決於心有多大。平常人都是活在這樣那樣的念頭中，活在以自我爲中心的感覺中。這個感覺是有好惡的，有喜歡或討厭的分別，接納或排斥的分別。在這種情況下，就不可能眞正地平等慈悲。修行正是幫助我們走出念頭的束縛，回歸虛空般廣大的心。這樣才能對眾生建立平等無別的慈悲，才能接納一切眾生，利益一切眾生。

涅槃，是無限的美

凡夫所見的一切都是有限的，有生有滅的。不論世間萬物的存在，還是我們擁有的家庭、事業、人際關係等，無不如此。包括我們這一期的生存，也不過短短幾十年。人死之後到哪裡去？生命的意義是什麼？如果說人死如燈滅，那就意味著生命是沒有意義的。這使很多人對生死產生焦慮，想到死亡會結束這一切，頓感生命的虛無。

事實上，生命有兩個層面。除了有限的層面，還有無限的層面，只是一般人執著並止步於有限，沒有能力認識無限。西方哲學崇尚理性，試圖透過理性探索世界和人生。但理性本身是有限的，由此獲得的經驗也是有限的。現代社會科技發達，對微觀世界的剖析日益深入，對宏觀世界的探索日益遼闊，但這一切依然停留在有限的層面。和浩瀚的宇宙相比，依然是微不足道的。

那麼人到底有沒有能力認識無限？從佛法角度來說，對無限的認識，需要有無限

的智慧。這種智慧不是來自經驗或知識，而是每個人本自具足的。只是眾生被無明所縛，使寶藏隱沒不現，雖有若無。佛陀對世界最大的貢獻，就是發現了這一寶藏，並將開啓寶藏的方法和盤托出，引導我們明心見性，體會生命的無限。

涅槃就代表對無限生命的體認。佛陀當年因爲看到老病死的痛苦，才出家修行，去追求不生、不老、不病、不死、無憂、無惱的最上解脫——涅槃。但佛陀在菩提樹下悟道後，弘法四十九年，最後卻還是入滅了。有人就疑惑：佛陀到底有沒有解決生死問題？佛陀爲解決老病死的痛苦而修行，爲什麼他在證悟後，色身還是消亡了呢？在一般人的概念中，確實會有這樣的不解。

事實上，佛陀已經體認到生命的無限性。在這個層面，法身常存，不生不滅。但從有限性的層面來看，色身的無常生滅只是一種自然現象，眾生如此，佛陀也如此示現。區別在於，眾生是在業力推動下，無奈被動地流轉生死。生，不能自主；死，也不能自主。但對體悟了無限生命的覺者來說，生死只是外在形式的改變，是緣生緣滅的。不必說佛陀，我們看那些坐脫立亡的歷代祖師，也是因爲體會到生命的無限，而能自在地面對死亡，顯現出無數令人景仰、激發道心的瑞相。

涅槃，是清淨的美

說到清淨，我們首先想到的是乾淨。我們的審美習慣可能千姿百態，但乾淨往往是基本前提，從食物、衣服、用品到居家環境，都是如此。現代都市霧霾嚴重，使人格外珍惜乾淨的空氣。如果去青藏高原等沒有污染的地區，會深深感受到，天地間有一種清澈的美。尤其是深受霧霾之苦的都市人，會被這種清澈所感動，身心舒暢。這就是清淨的美，沒有污染的美。

涅槃所體現的清淨之美，是代表生命的清淨，內心的清淨。凡夫因爲無明惑業，看不清自我和世界的眞相，從而產生錯誤認識，導致我法二執，包括對自我的貪著，對世界的貪著。世界本來沒有中心，我們卻以自我爲中心，建立種種執著，引發瞋恨和對立，引發種種煩惱和負面情緒，給生命帶來極大的污染，使自己迷失其中。

佛法中，將這種污染稱爲塵垢。每個生命的塵垢不同，有的塵垢深厚，有的塵垢很薄。這既和煩惱的積累有關，也和個人的宿世修行有關。基於此，佛教把人分爲鈍根和利根。鈍根就是障深慧淺，必須由下而上、有次第地深入修行。利根就是塵垢很薄，可以在善知識的引導下，撥開迷霧，頓悟本心。

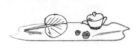

佛法認爲，凡夫和諸佛的區別就在於迷悟之間。迷就是迷失覺性，悟就是體認覺性。禪宗修行之所有頓悟法門，之所以能直指人心，見性成佛，正是針對上根利智而言。如果學人塵垢輕微，再遇到明眼師長，就可能在某個契機當下認識本心，認識本來具足、本來清淨的覺性。

但這樣的根機畢竟少，多數人還是需要像神秀所說的那樣：「時時勤拂拭，莫使惹塵埃。」戒定慧的修行，正體現了這樣的次第。透過持戒，使生活如法清淨，爲修行營造良好的心靈氛圍；透過修定，平息內在的煩惱妄想，培養覺知力和觀照力。在這一基礎上，就能有效地聞思正法，如說修行，最終開啓智慧。

很多人把修行當作一個點，只看重開悟、解脫。可自身根機不夠，又沒有善知識指點，每天就在那裡望梅止渴，想著開悟，或說一些和開悟有關的話，卻忘了，這些和自己當下的現狀並沒有什麼關係。那不是你的境界，不是說一說就夠得著的。

事實上，修行是一條路。不論解脫道還是菩提道，都包含了一系列逐步向前的網站，而不僅僅是一個點。所以我們現在宣導有次第的修行，就是幫助學人認識，這條路到底怎麼走。第一步怎麼走，第二、第三、第四步怎麼走。把這幾步走好，第五步自然就到了。之後的更多步也是同樣，只要一步接著一步，就能抵達終點。這才是有效的修行，而不是在那裡浮想聯翩，浪費寶貴的暇滿人身。

如果不修行，我們都是活在不同的塵垢中，而且在不斷地製造塵垢，製造垃圾，使內心躁動不安。只有徹底平息塵垢，我們才能體會到，心可以像無雲晴空一樣，那麼清澈，那麼純淨。這就是涅槃所具有的清淨的美。

涅槃，是寂靜安詳的美

說到寂靜，可能大家有點陌生。現代社會喧囂浮躁，充滿聲色刺激。即使在沒有聲音的地方，我們內心依然有各種聲音此起彼伏，靜不下來。這些聲音來自哪裡？就來自生命中長期積累的念頭和情緒。這些心理活動被不斷重複，力量愈來愈大，佛教稱之爲串習。所謂串，就是像糖葫蘆那樣串在一起，所以它們出現時往往是連續性的，一念接著一念。

從唯識的角度來說，曾經的所思所想、所言所行不是發生過就結束的，而會儲藏在阿賴耶識中，形成種子。一旦因緣成熟，它們又會產生活動，使心靈海洋波濤洶湧。我們每天說什麼，做什麼，有什麼想法、情緒、煩惱，都和生命中曾經播下的種子有關。這些種子產生活動時，又會讓心理力量得到重複和增長，唯識宗稱爲「種子生現行，現行熏種子」。由種子產生現行，而現行的同時又讓種子的力量得到強化。

因爲我們疏於對生命的管理，所以內心時常處在無明的狀態。於是乎，在外界誘惑和衝擊下，不知不覺製造了各種不良心理，不知不覺讓這些心理重複並積累。當它們的力量日益強大之後，我們根本就做不了主，只能在它們的驅使下忙來忙去，不得安寧。一旦停下，就陷入無所事事的焦慮中，必須不停地看點什麼，說點什麼，做點什麼。這就使現代人活得很累很辛苦。

我經常說，生命就是一大堆錯誤的想法，再加上一大堆混亂的情緒。這是多數人的現實。因爲我們沒有對生命做過智慧的審視、主動的選擇，而是任其發展，結果就被錯誤想法和混亂情緒所控制。這些念頭之間還會產生衝突，當衝突表現出來，使我們在家庭中和親人發生衝突，在社會上和同事、朋友發生衝突，甚至不能和大自然友好相處，而是肆意地污染環境，破壞生態。所以說，一旦內心躁動不安，將給自己和世界帶來麻煩。

這裡所說的涅槃寂靜，不是沒有聲音，而是內心所有躁動平息之後，生命所呈現的寂靜的美。這種美來自覺性，是盡虛空遍法界的，是空性蘊涵的重要特質。

涅槃，是喜悅的美

當我們體會到生命的寂靜後，才能體會到內在的空性的喜悅。《大般若經》記載，佛陀的笑是舉身微笑，全身每個毛孔都散發著光明和歡喜。這種喜悅來自對空性的證悟，是無住、無所得的，是不需要對象的，是永恆、源源不斷的喜悅。而平常人

的笑往往來自某種情緒，是有對象的，也是容易變化的。

我曾多次爲大眾開講「心靈創造幸福」。因爲不少人關心，佛法說人生是苦，是不是排斥幸福？佛教到底怎麼定義幸福？在佛教看來，世間的幸福多半來自環境和感受，是有漏的，膚淺而短暫的。所謂有漏，即有缺陷。一旦我們對此產生執著，痛苦更是在所難免。因爲這些幸福是建立在迷惑和煩惱之上，只是對痛苦的暫時緩解，本身卻是苦因。

爲什麼佛法說人生是苦？並不是說人生沒有快樂，而是認爲這些不是本質上的快樂。佛教把快樂分爲兩種，一是有苦之樂，一是無苦之樂。世間的快樂都是有苦之樂，不論是感情、家庭，還是財富、事業、地位，在給我們帶來滿足和快樂的同時，就埋下了失去的痛苦。在這個無常的世間，生一定伴隨著滅，得一定伴隨著失。尤其當我們對此產生執著後，痛苦還會隨之加劇。

無苦之樂並不是來自外在環境，不是因爲得到什麼，而是來自生命內在的覺性。它是本自圓滿的，具足一切的，會源源不斷地散發喜悅，不需要依賴任何條件，本身就是製造快樂的永動機。所以說，心才是苦樂的源頭，是幸福的根本。當我們有煩惱時，心是痛苦的根源；而沒有煩惱時，覺性就會成爲快樂的根源。

涅槃，是無住的美

凡夫心是有黏著的，這和無明有關，和貪瞋癡有關。無明使我們看不清世界和自我的眞相，從而對世界和自我產生錯誤設定，並牢牢地執著這種設定，對我和與我有關係的一切產生貪著和依賴。

貪著愈深，當貪著對象發生改變時，我們就會愈痛苦。在一個人陷入痛苦時，我們通常會以「不要太執著」來開導。事實上，這種說法往往作用不大。因爲這些執著根深柢固，不是想放就能放下的。

怎樣才能放下執著？首先要學習佛法智慧。比如《心經》《金剛經》，自古以來就是很多文人士大夫修身養性的寶典。因爲儒家是積極入世的，而在入世過程中，難免宦海浮沉，人事變遷。如果把地位、名利看得太重，不管得意還是失意，其實都會

辛苦。得意時很累，失意時很慘。如果在入世的同時，明白「一切有爲法，如夢幻泡影，如露亦如電，應作如是觀」，明白一切無非是條件關係的假相，那麼得意時可以兼濟天下，失意時可以獨善其身，就無所謂得失，更不會因此帶來什麼情緒。

佛法對世界的觀察，有兩個字特別精闢，一是「假」，一是「幻」，可以引導我們從更高的角度看待世間。所謂假，說明一切現象都是假有。既不是沒有，也不是永恆的、眞實不變的有，而是條件、關係的假相，並會隨著條件、關係的變化而變化。所謂幻，說明一切都是幻化的，不是眞實不變的有。

佛法重視緣起，讓我們學會用緣起的眼光看世界，而不是活在自己的主觀感覺中。這樣就會看到一切事物都有它的因緣因果，都是正常的。不論出現什麼結果，都能欣然接納，因爲它們是緣生緣滅的。同時也就不會那麼黏著，不會把得失看得太重。

因爲黏著程度就取決於我們怎麼看問題，只有看淡了，才能減少黏性，反之亦然。其中的難點在於，以癡和貪爲基礎的凡夫心本身是有黏著的，只不過是多少的問題。如果要在一切事相上減少黏著，是非常困難的。根本的解決之道，是體認黏著背後那個不黏著的層面，那就是覺性，是空性。

我們在認識世界的過程中，可能會產生兩種結果，一是走向煩惱，走向生死，走向輪迴；一是走向眞理，走向智慧，走向解脫。有什麼樣的人生道路，主要取決於我們怎麼看世界。如果我們帶著無明、煩惱和錯誤認識看世界，就會產生我法二執，製造煩惱、生死和輪迴。只有透過修學，把佛法智慧轉化爲自身認識，並用這種智慧指導禪修，才能突破能所的二元對立，抵達空性。

當我們體會到空性，就能體會到虛空一樣的心。當我們以爲雲彩就是整個世界時，雲彩會遮蔽一切。當生命安住在虛空狀態時，我們還會黏著雲彩嗎？

那麼，如何體會沒有黏著的心？必須獲得不黏著的能力。

涅槃就是不黏著的能力，也就是《金剛經》所說的「無住生心」。經中反覆告訴我們，在修行過程中要無我相、無人相、無眾生相、無壽者相，不論修布施，還是利益眾生、莊嚴國土，都要看到一切是緣起的假相，在空性層面，任何現象都是了不可

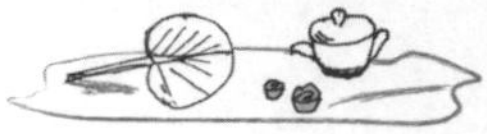

得的。

只有不執著於事相，才能在做的當下體會空性。否則就會像凡夫那樣，即使在行善過程中，也會進入我相、人相、眾生相、壽者相，對自己所做的事產生執著，最後還是在成就凡夫心，還是處處掛礙。只有於無所住而生其心，生命才不會被束縛。

涅槃，是大自在的美

世人都追求自由，比如政治是從社會體制追求自由，哲學是從思想層面追求自由，藝術是從精神領域追求自由，還有現代人崇尚的財富自由等。但這些眞能帶來自由嗎？事實上，如果內心不得自在，再寬鬆的環境和財富，都不能解決問題。

佛法所說的自在，是從生命本身而言。對於證悟空性的覺者來說，不論處在什麼環境中，都是自在無礙的。外在的一切，不會對他構成任何束縛和傷害。

凡夫因爲貪瞋癡，在認識世界的過程中，不知不覺就會形成依賴。我們只要喜歡什麼，就會不斷對它產生需求；一旦建立需求，就會逐步形成依賴；一旦有了依賴，就會胡思亂想，希望它永遠存在，永不改變，最終作繭自縛，爲物所役。

現在有個詞叫「被控」，這並不是個別的，而是一種普遍現象。甚至可以說，每個人都不同程度地生活在被控中。除了被外物控制，還被內心的各種念頭控制。其實，被外物所控也和念頭有關。我們有什麼樣的依賴和需求，就會被什麼控制。正是這種需求和依賴，使生命不得自在。

因爲我們對世界有一份期待和設定，所以在面對得失、榮辱、是非、生死時，只要結果和期待不符，我們就會不接納，不自在。這使得我們不斷攀緣，去創造符合內心需要的一切。但世界並不是根據我們的需要而存在，所以在生活中，我們總會面對各種挫折，各種不自在。

佛法所說的自在有兩種，一是慧自在，一是心自在，也叫慧解脫和心解脫，以此解決生命內在的兩大問題。

首先是慧自在，解決認識的問題。因爲智慧能了知世界和人生的眞相，使我們不再迷惑。如果一個人充滿困惑，不知道我是誰，不知道活著的意義是什麼，也不知道

生從何來，死往何去，就只能憑著感覺隨波逐流。這樣的生命是不能自主，也不得自在的。慧自在就是讓我們看清眞相，知道什麼是對人生有眞正意義的，這樣才能做出正確選擇，並對未來充滿信心。

其次是心自在，解決情緒的問題。我們的心之所以不自在，是因爲有重重煩惱，此起彼伏。這就需要透過聞思和禪修，從文字般若到觀照般若，最終開發生命內在的實相般若，從根本上擺脫迷惑，斷除煩惱。

很多寺院的殿堂中，懸掛著「得大自在」的匾額，這正體現了佛菩薩的生命境界。《華嚴經》中講到十種自在，分別是命自在、心自在、財自在、業自在、生自在、願自在、信解自在、如意自在、智自在、法自在。其中最根本的就是心自在。因爲心的自在，其他各方面才會隨之自在。

以上從七個方面解讀了涅槃的美。這是代表佛菩薩所成就的功德之美、人格之美，是世出世間最爲圓滿、究竟的美，也是佛菩薩成功的標誌。如果我們瞭解到，學佛正是幫助我們成就這樣一種美好的生命，我想，它將成爲每個人的心之所向。尤其在今天這個喧囂的時代，隨著物質的空前發達，人類對自我的迷失卻愈來愈深，甚至愈來愈煩惱，愈來愈不容易幸福。所以對自我的認識，對生命良性潛質的開發，不僅對個體生命意義重大，而且對未來世界意義重大。

8

行到水窮處，坐看雲起時

——「新禪風．百名高僧訪談」

二〇一九年十一月十一日晚，濟群法師應「中國網海峽頻道．新禪風」欄目特別節目「百名高僧訪談」的邀請，就出家、求學、弘法和心理學等問題，回答了主持人的提問。

主持人：在生活中修行，在修行中生活。今天我們來到蘇州西園寺，接受專訪的是戒幢佛學研究所所長濟群法師。師父吉祥，非常榮幸您能接受專訪。今天的日子有點特殊，是雙十一購物節，很多電商在這一天做促銷。我查詢了淘寶歷年的銷售資料，二〇〇九年首屆雙十一時，銷售額爲五千萬，二〇一〇年達到九．三六億，二〇一一年上升爲五十二億，二〇一八年已突飛至二千多億。我的問題是，面對無處不在的物欲誘惑，我們應該怎樣堅持修行？

濟群法師：隨著科技和物質文明的高度發達，外在誘惑愈來愈多，在今天這個時代修行，確實比任何時代更爲艱難。因爲凡夫的特點是心隨境轉，誘惑愈多，心就會愈浮躁，愈容易受到外境左右，所以修行最好有相對單純的環境。此外，還有自身的善根、對修行的好樂，以及有沒有老師引導，有沒有善巧的方法和良好的氛圍。如果我們具備這些條件，能夠於法受益，就有能力面對誘惑。我看到不少信眾，原來也屬於買買買一族，包包、時裝一大堆，學佛後不僅不買，還開始斷捨離，把很多東西都送了，覺得這些是多餘的。這就說明，當一個人有了真正的精神追求之後，就不會太在乎外在的物質生活，因爲他知道物質帶來的快樂非常短暫，而擁有精神財富的快樂更有價值，也更值得追求。

出家，從這裡出發

主持人：講到單純的環境，如果讓時光倒流至四十年前，也就是一九七九年，再給您一次人生機會的話，還會選擇出家嗎？

濟群法師：我當年出家時，還是在比較懵懂的狀態。透過幾十年的修學和弘法，我愈來愈確信，佛法是人生的大智慧，是最究竟的眞理，所以對出家這條路充滿信心。我想，這對我來說是最合適的選擇。

主持人：當時宗教政策還不明朗，社會對佛教的誤解也比較多，您還是一個懵懂少年，爲什麼選擇出家？

濟群法師：不少人問過類似問題，因爲說到出家，人們就會想到看破紅塵之類。事實上，我那時還沒開始瞭解紅塵，也說不上看破。我出家是和家庭有關，當時雖然大環境不好，但閩東民風純樸，信佛的人也多。在我家鄉周邊的寧德支提寺、閩侯雪峰寺還有不少出家人，他們外出時，常會路過我家並吃飯住宿，所以我從小就和出家人有很多接觸，也會到寺院走走，不知不覺就喜歡上了這種生活。

主持人：您老家在福安，那裡有很多寺院，爲什麼會在福州湧泉寺剃度呢？

濟群法師：在我的出家經歷中，第一站去的是寧德支提寺。那時我也就十四五歲，母親和一位比丘尼到寺院補《大藏經》，我也跟著去了，每天隨師父們幹幹活。當時還在文革期間，有關幹部認爲宗教都快滅亡了，怎麼還有孩子在寺院住著？所以基本是被趕走了。一九七八年，我又到雪峰寺住了一年。那時很多寺院成了生產隊，我就算是雪峰生產隊的一員，每天跟著大家砍柴種地，幹各種農活。

一九七九年恢復宗教政策，鼓山湧泉寺在風景區中，需要從周邊寺院調些出家人，我就從雪峰寺到了鼓山，在普雨老和尚座下正式剃度出家。

主持人：出家後在寺院做什麼？現在回想起來，對老和尚印象最深刻的是什麼？

濟群法師：當時宗教政策剛恢復，寺院有一些接待任務。我主要是掃掃地，客人來了泡泡茶之類，同時在老和尚的指導下學習。普雨老和尚很有學問，教理造詣也高，還是一位書法家，是全國書法家協會的會員。我在湧泉寺住了一年，年底就參加了佛學院的考試。當時中國佛學院剛開始復辦，到全國招生，其中有個考點設在湧泉寺，我在老和尚的推薦下報考了。其實我當時文化水準很低，初中都沒畢業。不過因爲出家人少，要求不高，就有幸被錄取了。如果按後來的條件，恐怕是考不上的。就這樣，我成了中國佛學院恢復後的第一屆學生。

主持人：在您就讀佛學院期間，是不是家人先後出家了？

濟群法師：我是家中最小的，但出家最早。在我出家後，哥哥、姐姐、父母陸續在不同寺院出家了，家中只留下一位老大哥。前些年，這位大哥也出家了。我家本身有很好的信仰氛圍，大家透過學佛，都有一份求道的信心。

求學，爲人生充電

主持人：那時的條件應該很艱苦，一個南方學子到北京上大學，怎麼挨過北方的冬天？

濟群法師：現在想起來，沒什麼特別艱苦的感覺。北京的冬天確實天寒地凍，但每個房間都燒火爐，走在外面就穿大棉襖。而且我是去求學的，一門心思想著學習，只要吃得飽、凍不著就行。我的口味相容性比較強，北京的饅頭、油餅都習慣，還覺得蠻新鮮的。

主持人：課程怎麼安排？學習辛苦嗎？

濟群法師：課程和現在佛學院的安排差不多，屬於綜合性教育，包括佛教的戒律、教理、歷史等。以漢傳佛教爲主，也涉及一點南傳和藏傳佛教。此外還有一定比例的文化課，如政治、語文、哲學、英語等。我原來上學是在文革期間，到了中國佛學院，才開始邁入眞正的學習。因爲自己文化基礎不好，同時對佛法有非常強烈的好樂之心，所以這四年始終在如饑似渴式的學習中，確實蠻用功的。

主持人：您畢業後到了莆田廣化寺，一是繼續修學，一是任教於福建佛學院，當時住在哪裡？

濟群法師：到廣化寺後，是圓拙老法師成就了我們。早期的廣化寺比較封閉，基本屬於子孫廟，對外來者不太接納。但圓老很慈悲，創造各種條件，讓我們專心學習戒律。我們開始住在藏經樓上面，後來圓老又專門在寺院邊的小南山建了地藏殿，共有十幾間房，成就我們在那裡學戒。

主持人：那時叫「南山五比丘」，在您的回憶文章中，那段生活還蠻清苦的，但也很充實。

濟群法師：那段生活很美好。當時廣化寺地處偏僻，對外交流很少，不像後來影響大了，天南地北的人去得多。我們在那裡很單純，除了學習戒律，研究教理，也參與福建佛學院的教學，經常帶著學生一起爬爬山。當然從生活條件來說相對清

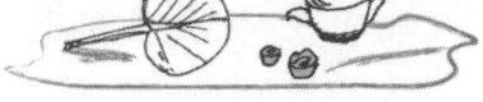

苦，其實也沒什麼，習慣了就覺得挺好。

主持人：您曾在文中回憶說，在廣化寺是生命中很重要的四年，您感覺最大的收穫是什麼？

濟群法師：之前在佛學院的四年學了很多理論，到廣化寺後，因爲有靜修環境，同時又承擔教學任務，使我在原有基礎上，對教理有了進一步的深入研究。比如戒律方面，使我對佛陀的制戒原理和僧團管理制度有了更全面的認識。我後來在戒幢佛學研究所講過一百多課戒律，還出了十本關於戒律的書，都是在廣化寺打下的基礎。隨著教學的需要，我對唯識、中觀等方面也有了研究，爲後來面向社會弘法打下了理論基礎。總之，在廣化寺算是潛修階段，從學習到禪修，對我都有很大幫助。

主持人：圓拙老和尚傳承給大家最重要的精神是什麼？當時的南山五比丘各有什麼特點？

濟群法師：圓老早年親近過弘一律師，會給我們講不少弘一律師的事蹟。圓老本身特別樸素，穿的是墨染衣，是根據戒律要求，把白布用墨汁染成的。這些作風對我們有很大影響，所以我們也學著穿這樣的衣服。我們幾個中，毅然法師對寺院管理有興趣，圓老就讓他當廣化寺的方丈；界詮法師在修學上非常用心、嚴謹、認眞，他後來能在教界專弘戒律，領眾修學，和他的學習、爲人是分不開的；演蓮法師喜歡蕅益大師、印光大師等大德開示，融匯儒釋道的思想。他們確實有不同風格。

主持人：您後來到廈門南普陀寺掛單，據說原來只打算住一段時間，沒想到住了三十年，這是什麼因緣？

濟群法師：當時我應中國佛學院白光法師的邀請，準備去講《攝大乘論》。途經南普陀寺時，遇到當年在佛學院教過我的一位在家老師，他讓我先住一住。妙湛老法師也挽留我，希望我在閩南佛學院講講課。後來又看到現在住的阿蘭若，覺得那裡很適合靜修和學習。在南普陀期間，我開始接觸到臺灣來的法師、學者，交流過程中，瞭解到港臺地區的弘法情況，對我產生了很大影響。因爲教學、弘法等

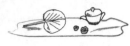

因緣，我就在此長期住了下來。

弘法，使修行落地

主持人：這三十年主要做了什麼？

濟群法師：這些年做的事主要有三方面。首先是教學，我在閩南佛學院先是給本科生講課，後來也帶研究生。一九九六年戒幢佛學研究所成立，請我做所長並講些課，所以我也兼任這裡的教學工作。

其次是弘法，早期主要弘揚人生佛教，我覺得佛法不能僅僅當作理論研究，而要看到這一智慧能解決什麼問題，對社會有什麼作用。二十多年來，我一直面向各個領域開設講座、對話交流，內容包括哲學、環保、財富、幸福、心理學、公共衛生等。針對當代存在的各種問題，我都希望能從佛法的角度提供思考。

第三是探索佛法修學體系。學佛不是學術研究，不能爲了學而學，也不只是解決現實問題，關鍵是追求解脫，解決生死和生命的終極問題。我們學習唯識、中觀、禪宗、淨土等教理，如何服務於修行？和解脫有什麼關係？我早年的修學，是從不同經論中獲取智慧，逐步對佛法有所體悟，並形成對整個修學次第的思考，然後再帶著這樣的認識去弘法，形成了目前所致力的三級修學體系。

主持人：從知到行，再到知行合一。那麼您的佛學思想體系，起點是太虛大師的人生佛教嗎？

濟群法師：應該說，太虛大師的思想對我有很大影響，主要在兩方面：首先是以人爲本的定位，這也是佛法和西方宗教的最大不同。所以在弘法過程中，我始終立足於當下，致力解決現實人生的問題。

其次是太虛大師的佛教變革思想。佛教傳入中國後，在隋唐時期達到鼎盛，但宋元明清之後一路衰落，在弘揚過程中出現很多陳規陋習，阻礙佛教的健康發展。所以我們需要去認識：佛陀說法的眞正本懷是什麼。但傳統是很有力量的，尤其是宗教傳統，一般人不敢質疑。今天的優勢在於，在全球化的背景下，我們可以看到佛教的各種傳統，包括漢傳、南傳、藏傳的傳統，也包括這些傳統在不同時期的呈現。這就告訴我們，傳統並不是一成不變的，也未必是唯一的眞理。所以要透過廣泛瞭解和深入研究，看清哪些是契合佛法的眞理，哪些是流傳過程中出現的偏差。太虛大師的這一思想對我有很大影響，弘法強調的是契理契機，所以我會選擇更適合現代人的方式。

主持人：怎麼理解太虛大師提出的「人成即佛成」？

濟群法師：這句話出自太虛大師非常著名的偈頌：「仰止唯佛陀，完成在人格，人成即佛成，是名眞現實。」成佛的修行，不是成就另一個東西，從某種意義上說，成佛就是做人的圓滿。凡夫都有無明、迷惑、煩惱，需要克服，但每個生命內在還有覺醒潛質，需要開顯。「人成即佛成」既體現了佛教的人本精神，也說明這不是一般的好人，而是有著圓滿智慧和慈悲的人。當我們成爲這樣的覺者，也就成佛了。

主持人：人生佛教和人間佛教是一回事嗎？怎麼認識兩者之間的關係？

濟群法師：人生佛教是太虛大師提出的，人間佛教是印順導師提出的。雖然他們在某些知見上存在分歧，但對人生佛教的宣導是一脈相承的。區別主要在於，印順導師覺得人間的範圍比人生更廣泛。事實上，人間也沒有離開人生，所以我覺得只是概念上的不同，本質上是一致的。

主持人：學佛人都面臨從何入手的問題，也就是剛才法師說的，關於修學體系的問題。您在這方面是如何實踐的？

濟群法師：這確實是一個大問題。當年，釋迦牟尼佛在菩提樹下發現了這條覺悟之道，然後說法四十九年，創立佛教。但在二千五百多年的流傳過程中，佛教被不斷演繹，經典浩瀚，法門眾多。很多人開始修學後，讀這個經那個經，修這個法那個法，但對這條路究竟怎麼走，其實是抓不到要領的。既不知道怎麼透過聞思經教樹立正見，指導禪修，完成觀念、心態到生命品質的改變，也不清楚做的這一切和所要達到的目標有什麼關係。

怎麼才能明確修學的目標與核心？二〇〇四年，我將這些思考寫在《漢傳佛教的反思》中，同時提出了佛教各宗的共同核心，那就是皈依、發心、戒律、正見、止觀五大要素。其中，皈依、發心、戒律是所有宗派的共同基礎，正見和止觀則是各宗特有的見地和修法。缺失這些要素，就會帶來一系列問題。不重視皈依，會造成信仰淡化，修學基礎薄弱；不重視菩提心，則會缺失大乘精神，使佛教給人消極的印象。此外，我們學習唯識、中觀、天台、華嚴等宗派，不僅要獲得相關正見，還要透過禪修將正見落實到心行，依此契入空性。但現在我們學了很多知見，往往成爲口頭禪，既不能變成自身認識，也無法用於禪修。

由此我想到，要圍繞五大要素建構一套修學體系，讓大家知道，學佛第一步應該做什麼，第二、第三、第四步應該做什麼，每一步又該達到什麼效果。現代人學法往往高一腳低一腳，幾十年在那裡念來念去，修來修去，卻沒有清晰的次第、有效的方法，一會兒拿到博士課程，一會兒拿到學士課程，一會兒拿到小學課程，結果使修行成了一門「玄學」。

佛法強調緣起，這就意味著，我們要立足於當下的因緣因果，審時度勢，加以調整。現代企業重視項目管理，每件工作首先要立項，然後是計畫、落實、監控，有了結果之後還要總結經驗。這就是對因緣的管理，由此提高效率，修行也不例外。很多人不重視修行的因緣因果，修不好就怪自己「業障深重」，卻從不考慮自己的修行路線是否清晰，方法是否正確。所以，我希望在這方面做一些努力。

主持人：這也是三級修學模式的成功之處。師父發表了三百萬字的佛學論著，可謂著作等身，有人因此評價您爲學者型的僧人，您認可這個評價嗎？

濟群法師：學者型還是非學者型都不重要，我考量的關鍵在於：能否忠實地傳承佛法？所做的這一切對佛教、社會、國家是否有價值？我比較重視實用，對玄談式的不是特別感興趣。

心學，給衆生把脈

主持人：太虛大師還有一個重要貢獻，他在一九二五年就發表了《佛教心理學之研究》。師父您也說過，從某個角度說，佛教應該叫作東方心理學。

濟群法師：太虛大師有開放的胸懷，在民國年間就廣泛學習西方哲學，包括心理學。

「東方心理學」的提法來自梁啓超，但「心學」之說古已有之。佛教八萬四千法門，核心都是從瞭解心性，到解決心理問題，這和心理學的目標一致。相對西方心理學來說，佛教不僅有雄厚的哲學基礎，還有行之有效的實證經驗，可以彌補心理學在實修方面的不足。

我曾在「心理學、哲學與佛學」的講座中，對三者的關係做了解讀。很多心理問題是來自認知，認知又涉及哲學，所以心理學的源頭是哲學。而哲學來自理性思考，是哲學家對世界和生命的玄想，由此而來的認識勢必是有限的，甚至會出現「此亦一是非，彼亦一是非」的矛盾。眞正解決認知問題，必須來自實證，這就離不開佛學。只有透過實證得來的，才是確定無疑的，是「如人飲水，冷暖自知」。

主持人：世界衛生組織的資料表明，全球有近四億人患有各種心理疾病，其中最大占比是抑鬱症，所以有人提出，二十一世紀是心理學的世紀。

濟群法師：今天的科技發展之快，實在讓人眼花撩亂。尤其是面對VR帶來的虛擬世界，沒有強大的心力是把持不住的。我們不斷優化人工智慧，卻很少考慮怎麼優化自己，結果人工智慧愈來愈發達，人自身的問題卻愈來愈多。西方諺語說，「讓靈魂跟上腳步」。如果跟不上會怎樣？沒有健康的身心，不僅自己不幸福，還會給世界帶來種種潛在的風險。因爲科技使我們有了強大的工具，用不好就會自害害他，所以未來最重要的就是人的自身建設。關於這個問題，佛學不僅對心性有著透徹的瞭解，還有一系列改造方法，正是當今社會最需要的。

主持人：您是什麼時候開始關注佛教心理學的？

濟群法師：我讀佛學院期間就喜歡哲學類書籍，後來在廣化寺講唯識時，又接觸到心理學方面的書，在教學過程中，偶爾也會用些心理學的概念。開始弘法後，應邀參加了一些心理學界的活動。第一次是二〇〇七年的「海峽兩岸心理輔導論壇」，在此之前，我還不清楚心理輔導具體做什麼，反正對我來說，無非是說明佛法是怎麼解決心理問題的。聽了學者們的發言才發現，原來佛教幾千年來一直在做這件事。比如信眾有煩惱、想不通的時候，爲他們開導一下，打開心結，其

實就是廣義上的心理輔導。我並沒有專業地研究心理學，只是從佛教的經論和法門中，尋找解決心理問題的途徑。

主持人：所以就創辦了戒幢論壇？

濟群法師：在和心理學界結緣的過程中，使我對心理學有了更多瞭解，也認識了一些學者。他們認爲戒幢佛學研究所可以做一些佛教界和心理學界的對話，我覺得這個提議挺好。因爲西方有些學者受到佛教的影響，比如卡巴金曾學習南傳的正念修行，後來還學了禪宗，在美國宣導正念解壓，把相關理論和禪修運用到各個領域，包括心理諮詢師的自身建設。國內心理學界受此影響，也對佛法生起了好樂之心。我們也希望透過心理學的途徑，讓更多人瞭解佛法的價值。可以說，雙方都需要透過對話來加深瞭解，發揮更大作用。

主持人：您有篇文章提到了「解脫心理學」，應該怎麼理解這個概念？

濟群法師：心理學有很多門類，那麼，佛教是屬於什麼心理學？給它什麼樣的定位？我覺得最適合的就是「解脫心理學」，這個概念和我當時正在講《百法明門論》有關。《百法》是唯識宗論典，完整闡述了人的各種心理，將之歸納為八識五十一種心所。其中又可簡單分為三類：一是基礎心理，伴隨任何心理活動出現；二是導向輪迴的心理，即根本煩惱和隨煩惱；三是成就解脫的心理，包括別境心所和善心所。瞭解這些心理的目的，是引導我們解除輪迴，走向解脫。可以說，整個《百法》就是在內心建立解脫的路線。

解脫不是一步到位的。說到學佛的成就，很多人會想到「開悟」，似乎那是某個神祕的瞬間。其實開悟、解脫、成佛是一條心理路線，由一系列心理構成。只有熟悉這條路線，才能步步向前，對修行就會充滿信心。每走一步，都知道下一步怎麼走。否則，即使一天到晚說「我要成佛」「我要開悟」，也永遠都是說法而已。

主持人：迄今為止，戒幢論壇已經舉辦了七屆，成為佛教界和心理學界非常好的交流平台。您認為論壇舉辦以來，有了哪些成效？

濟群法師：戒幢論壇首先是為佛教界和心理學界建立了交流平台。過去雖然有些法師參加心理學界的活動，包括我自己，也應邀參加了北大、北師大等高校的相關活動，如對話、講座等，但總體來說，交流還是比較有限。我們舉辦的論壇，除了邀請法師和心理學專家，還會面向心理諮詢師開放，每次都有幾百人旁聽。然後圍繞正念、死亡焦慮等不同主題舉辦分論壇，既有佛學視角的解決之道，也有心理學視角的解決之道。總之，就是佛教界和心理學界一起，共同探討人們存在的心理問題，提供解決方法。透過這樣的交流，對佛教界來說，能瞭解心理學界的解決手段；對心理學界來說，也是深入瞭解佛法的機會。現代心理學來自西方，但在心性問題上，中國傳統的儒釋道有著豐富的內涵。透過這樣的交流互鑒，有助於東方心理學的建設。

主持人：有資料表明，中國受到心理疾病困擾的人已超過兩億，其中最多的是抑鬱症患者，達五千七百多萬，有自閉症障礙的人超過一千萬，研究所有沒有就這些方面開展對應研究？

濟群法師：我們沒有針對性很強的課題。但從某種意義上說，弘揚人生佛教也是在解決這些問題。人的很多心理疾病，和自身的認識有關，和思維模式、生活方式有關。不少人反映，透過一段時間的修學後，觀念和心態得到轉變，心理疾病也隨之好轉。事實上，心理學中的認知療法，就是透過改變認識來解決心理問題。此外，禪修也是解決心理問題的方式之一，西園寺會定期舉辦一日禪、七日禪等活動。這裡不少法師、居士和心理學界有交流，也開設了「觀世音心理熱線」，有人輪流接聽，希望透過這些方式爲社會盡一點力。

主持人：現在新禪風也開設了佛教心理學的講座，希望爲心理疾病患者帶來一些福音。

答疑，爲學人解惑

主持人：接下來，我們把時間留給線上禪友。

禪友：我是一個剁手黨，今年雙十一購物節努力敗了不少家。平時無論是否需要，不買就感覺手癢，不知這是不是一種心理疾病？有沒有應對方法？

濟群法師：人的行爲會形成習慣。一旦有了慣性之後，遇到對境就會產生相應需求，甚至失去自控力。從佛教角度來說，這屬於不健康的心行。至於是不是心理學定義的疾病，我想還要取決於嚴重程度。怎樣改變這個狀態？關鍵是建立更高的精神追求，學會用智慧審視這一行爲的本質。如果僅僅爲買而買，既浪費錢、損福報，又不環保，還不能有效改善生活品質，實在沒有意義。如果我們看清這些，而且有充實的精神生活，就不會有興趣買買買，更不會以此做爲滿足自己的方式。

禪友：「觀世音心理熱線」是收費還是免費，可以預約見面、疏導治療嗎？

濟群法師：「觀世音心理熱線」是純公益的，至於能不能見面，要看接聽電話的法師和義工們是否有時間，這個問題可以直接和他們聯繫，看他們的安排。目前的定位只是接聽電話。

禪友：怎麼正確理解出離心？

濟群法師：說到出離，好像是要離開紅塵到深山中去，所以不少人會心生排斥。因爲我們對當下的生活有一份執著，甚至迷戀。佛法所說的出離，關鍵是認識到輪迴本質是痛苦的。這個本質就是我們內心的迷惑和煩惱，所以說，眞正要出離的不是環境，而是我們內心的迷惑和煩惱，這才是一切痛苦的根源所在。如果沒有擺脫惑業，不論走到哪裡，都不可能眞正放下。環境只是修行的輔助因素，對於在家居士來說，如果要在紅塵中修行，不僅要以出離心超越對五欲六塵的執著，還要進一步提升到菩提心，這樣才能把家庭變成道場，把商場變成道場。

禪友：佛法說諸行無常，那麼佛法是否無常？

濟群法師：從教法的流傳來說，本身也是緣起法，要遵循無常的規律，所以有正法、像法、末法的流變。佛教出現於印度，然後傳入中國、東南亞，現在傳到世界各地，但十二世紀在印度就基本消亡了。可見，佛教的存續取決於眾生共業。但佛陀體悟的空性是最高眞理，這不是無常的，是法爾如是的。

禪友：《金剛經》說，「若世界實有者，則是一合相」，末學不明白一合相的義理，請師父開示。

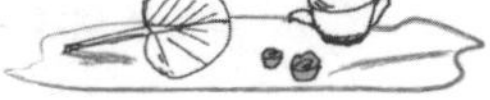

濟群法師：所謂一合相，說明世界是由各種因緣和合的整體。但這個整體不是一成不變的，所以「一合相，即非一合相，是名一合相」。我們不要覺得，有實實在在的一合相。一合相也是因緣假象，其本質就是空性，只是假名安立而已。

禪友：我現在面臨的問題是，不知道哪一個是眞實的自己，沒有方向。

濟群法師：你可以每天問一問——我是誰？這樣的審問很有必要。因爲人最大的誤解就是看不清自己，這也是一切煩惱的根源。早在兩千多年前，古希臘哲學家就提出「認識你自己」，但這個問題並沒有在西方哲學中得到很好的解答。佛法的解決之道，是明心見性。我們需要審視：身份是我嗎？想法是我嗎？身體是我嗎？透過審視才會發現：我們現在所以爲的「我」，和自己只是暫時的關係，是變化而不確定的，經不起無常的考驗，是不值得追求的。只有找到「我是誰」，知道究竟什麼代表自己，才能眞正看清人生方向。

禪友：《心經》和《藥師經》都是玄奘法師翻譯的，爲什麼《心經》是觀自在菩薩，《藥師經》是觀世音菩薩，有什麼區別？

濟群法師：我還沒注意過這個問題。單純從概念來說，「觀自在」偏向個人修行，透過智慧觀照得大自在，照見五蘊皆空，最後「無掛礙故，無有恐怖，遠離顛倒夢想，究竟涅槃」。「觀世音」偏向利他修行，要體察眾生的痛苦，及時給予幫助，所謂「千處祈求千處應，苦海常作渡人舟」。

禪友：請師父開示，何爲無生法忍？

濟群法師：忍是認可，無生法忍就是對無生法的認可。當然這不是文字上的認可，而是對無生法的體認。什麼是無生法？其實就是空性。《心經》說：「是諸法空相，不生不滅，不垢不淨，不增不減。」無生法就是不生不滅的空性，反之，有生有滅的就是有爲法。當我們體認空性，體認到生滅現象的背後還有不生不滅的空性，二元對立的背後還有不二法門，才能眞正認可無生法。如果只是對文字概念的認可，是沒有力量的。

禪友：我很容易感情用事，也容易情緒化，如何運用理性來思考問題，如何獲得這個智慧？

濟群法師：理性是雙刃劍，所以建立什麼理性特別重要。佛法智慧就是引導我們建立正確的理性。但要學會用理性思考問題，必須透過相應的學習，否則是做不到的，不是我想怎樣就能怎樣。首先要把所學佛法轉化爲自己的認知，而不是當作概念，法是法，我是我。然後還要在面對問題時不斷實踐，用佛法思考並解決問題，透過反覆訓練，才能學會運用理性。

禪友：請師父開示，什麼是「一念圓成」？

濟群法師：「一念圓成」的意思是，在一念中就能圓滿成就。《六祖壇經》說：「前念迷即是眾生，後念悟即是佛。」佛和眾生看似有天壤之別，事實上，根本區別只是在迷悟之間。當這一念在迷惑狀態，你就是眾生，反之則是佛。所以，成佛關鍵在於轉變這一念。怎麼轉變？首先是對念頭加以選擇，透過觀照解除妄念，培養正念。妄念並不是眞實不變的，其本質正是覺性。就像波浪的本質都是海水，波浪生起後，哪怕是驚濤駭浪，最終還是回歸大海。心也是同樣，當我們以智慧觀照時，所有妄念都會回歸覺性，所謂「無不從此法界流，無不還歸此法界」。這一念的覺醒特別重要！

禪友：我總是對發生的事起妄想，然後憂慮、害怕、恐懼，不知該怎麼辦？

濟群法師：生活中，每個人都會面對各種問題。如果單純在那裡胡思亂想，只會平添煩惱，所以要理性分析。佛教說「因上努力，果上隨緣」，就是當每件事發生時，盡到自己的努力，同時接納任何結果，而不是心生抗拒。但這並不是結束，「果上隨緣」不是說接納結果之後再也不努力，而是在結果的基礎上總結經驗，把果變成因，繼續調整。就像產品的更新反覆運算，從1.0到2.0、3.0，就是對因緣因果的管理。當結果不理想，就進一步優化，最後一定會愈來愈好。但憂慮是沒用的，而要以正確的心態去面對，去努力。當然我們也要看到，並不是所有因緣都掌握在自己手上，有時努力了也未必盡如人意。在這樣的情況下，就要坦然面對。

9

人生佛教在當代的弘揚

佛法是人生的智慧，是生活的智慧，濟群法師的這一理念淵源於太虛、印順法師的人間佛教思想，希望藉此擺脫人們對佛法的誤解，使佛法眞正走入生活。自《心經的人生智慧》《學佛者的信念》及《幸福人生的原理》第一輯《人生佛教系列叢書》出版後，在社會各界引起極大回響。去年以來，法師又在教學演講之餘潛心寫作，在新的《人生佛教小叢書》即將推出之際，《人世間》記者就廣大讀者關心的問題走訪了戒幢佛學研究所所長濟群法師。

問：近年來，法師時常在國內外舉辦佛學講座，並陸續出版了一系列相關著作，同時還利用網路開展弘法活動，雖然採取的方式不同，但都是圍繞著人生佛教的主題，那麼，您覺得目前民眾接受佛教存在的最大障礙是什麼？您弘法的出發點又是什麼？

答：社會大眾接受佛教的最大障礙是對佛教的無知和誤解，這一方面和大家長期以來所受的教育有關，但同時也反映了佛教弘揚力度的不足。

雖然佛教傳入中國已有兩千多年，並成爲中國文化的重要組成部分。但長期以來，佛教的弘揚始終被排斥在現行教育體制之外，民眾在接受教育期間，無法從教科書上對佛教獲得正面的瞭解，僅有的一點介紹，也是從唯物論角度出發所得出的結論，使得他們對佛教的瞭解，大多停留在片面的錯誤認識上。看到有人來寺院燒香拜佛，就以爲佛教只是用來保佑平安的途徑；看到信徒中老年人居多，又以爲佛教只是閒來無事後的精神寄託；看到個別文學作品中的描寫，又以爲學佛是走投無路後的無奈選擇；而近年來的部分影視作品，更使很多人以爲出家人都是「酒肉穿腸過，佛祖心中留」的豪俠之士。凡此種種，都嚴重阻礙了人們對佛教的正確認識，需要我們透過正面的宣傳去改變。而在當今教界，能夠走向社會弘法的法師還是太少，尤其是面對十幾億的人口，這一比例實在是過於懸殊，因而，我們需要透過多種管道的弘法方式，使更多的人有機會接觸到正信的佛教。

問：從社會來說，對佛教缺乏正面的瞭解，但從教界自身來說，除了宣傳力度不足以外，是否還存在另外的一些問題？您在「如何正確認識佛法」的講座中，曾就佛教發展中出現的一些誤解提出了批評，能否請您再概括地談一談？

答：當前佛教存在的誤解比較突出的有四點：即鬼神化、來世化、哲理化和學術化。經懺佛事的盛行，使很多人將佛教當作是爲鬼神服務的手段，從而背離了佛教的人本精神；淨土法門的特別弘揚，又使很多人覺得學佛只爲求得來世，是老之將至時才需關注的問題；而哲理化的佛教，只適合具有相當文化層次的僧侶來學習研究，普通民眾沒有時間也沒能力深入；至於學術化的佛教，也只是部分學者的專業，他們將佛教當作文化現象去研究，在研究過程中很少和自己的現實人生發生關係，也很少考慮自己的安身立命，所以，這些學術成果從文化的傳承來說固然有一定意義，卻無益於我們現實人生，更無法引發他人的信仰。

需要進一步說明的是，我所說的來世化並不是想否定佛法對來世的關心，而是反對那種無視現實人生，僅僅以求得來世快樂做爲學佛的目標；我也不想否定臨終關懷及超度鬼神的作用，而是反對將超度鬼神做爲佛教服務的首要宗旨，甚至以經懺佛事做爲獲取經濟利益的手段；我也不否定學術研究的價值，而是反對學佛者以學術研究做爲學佛的唯一目的；我也不否定對佛教哲理的探討，而是反對那種把學習佛法當作哲學研究的本末倒置的作法。人生佛教的理念，正是針對這幾種流弊提出的，使佛法回歸其原有的人本精神，爲社會大眾提供健康的人生觀及生活方式。

問：的確，在大眾的觀念中，很難將莊嚴的寺院、深奧的經典及清淨的修行生活和我們的現實人生聯繫在一起。那麼，法師認爲應如何給人生佛教定位？它是否是切合時代需要而提出的新觀念？

答：人生佛教的理念，雖是由太虛大師於民國年間首先提出的，與以往的傳統佛教相比，似乎是獨立於各宗派之外的新生事物，但究其思想內容，並非創新之見。事實上，人生佛教正是對原始佛教的回歸。與其他宗教的以神爲本不同，佛教的立

足點是人本的。佛陀是以人的身份修道成佛，他的出世雖是要普度一切眾生，但重點還是在人，所以說，人道是六道的樞紐。佛教有三世說，佛陀設教的目的是希望眾生獲得現世樂、來世樂、涅槃究竟樂。但我們要知道，無窮的過去是以現在爲歸宿，無盡的未來是以現在爲開端，因而，在原始佛教中，更重視當下生命的改善。無論是生活還是修行，都建立在珍惜當下、把握當下的前提下。而這也正符合佛教的因果原理，由如是因感如是果，我們希望有美好的未來，就應認眞對待現有的人生、現有的每一天。

問：法師提到「現世樂」和大家所關心的現實利益有什麼區別呢？相信大多數人對於「樹立正確人生觀念」一說都耳熟能詳，但眞正能夠付諸實踐的並不多，因爲世俗生活有一整套按部就班的程式，其中，現實利益又是人們在選擇人生道路時的重要參照。我想，民眾對佛教的淡漠，在很大程度上也是因爲沒有認識到學佛能夠給現實人生帶來利益。

答：佛法所提倡的現世樂，從世間的層面來說就是「種善因得樂果」，透過正確的人生觀念和健康的生活方式來獲得人生幸福。在佛教的五戒十善中，還涉及到自他雙方的關係，也就是透過持戒修善建立自他和樂的人生。需要明確的是，從佛教的觀點來看，現世樂和來世樂又是統一的。佛教所說的出世間的快樂，是依戒定慧修行獲得，其內涵是開智慧、斷煩惱、證眞理，並最終成就解脫。與大多數人爲追求一己私欲，由欲望滿足而獲得快樂的途徑是不同的。因爲透過這一途徑所得到的現世樂，可能是建立在合理的行爲規範上，也可能是建立在他人的痛苦之上；其實質也往往局限於現實的當下，不能給未來人生帶來什麼利益，甚至會帶來不同程度的過患。因此，現世樂應以來世樂爲參照，只有將兩者有機地結合在一起，才能使我們在現實的當下法喜充滿，同時給人生帶來無盡利益。

問：如果說人生佛教定位於現實人生，固然會得到更多人的認同，但是否會和佛教的出世精神有所違背？或者說，在大力弘揚人生佛教的今天，傳統的宗派佛教多少已顯得有些過時？

答：人生佛教雖定位於現實人生，但和常人的理解還是有出入的。入世只是其中的一個層面，它的內涵遠不止於此。太虛大師有首偈說得非常好：「仰止唯佛陀，完成在人格，人成即佛成，是名眞現實。」在這首偈中包含著三層內容，首先，人生佛教是以解決現實人生的一切問題爲依歸；其次，說明了做人與成佛的關係，我們應以佛陀爲榜樣，克服自身的眾多缺點，達到人格的圓滿和完善；第三，佛是由人修成的，因而，人生佛教涵蓋了由人到佛的整個修行過程。

從這裡我們就可以看出，人生佛教的內涵是非常豐富的。佛教修行是以出離心爲基礎，只有具備這一點，我們才能超越五欲六塵的束縛。而在我們的修行過程中，正見更是不可或缺的前提，整個佛法的修行都沒有離開八正道，其中又以正見爲首。傳統的宗派佛教，如唯識宗依三界唯心、萬法唯識所建立的唯識正見，中觀宗依緣起性空所建立的中觀正見，對修道都具有重要的指導作用。如果說人生佛教和傳統佛教有什麼區別的話，只是在於它針對佛教發展中存在的誤解而特別提出了為現實人生服務的口號，同時，在形式上將採用更為契機的方式，除此以外，實在無法將人生佛教與傳統佛教對立起來。

問：從現有的一些資料來看，人生佛教在臺灣地區相當地普及，法師曾多次前往臺灣實地參訪並進行交流，您認為臺灣地區的佛教弘揚對國內教界有什麼借鑒作用？他們的成功經驗和不足之處分別是什麼？

答：自太虛大師提出人生佛教的理念至今，教界兩岸三地的佛弟子們都做出了自己的努力，其中，尤以臺灣地區的成就較為突出。他們從慈善到文教，以人們喜聞樂見的弘法方式，將佛教深入到千家萬戶。我曾四次參加臺灣佛教界的學術活動，並參觀了眾多的道場和佛教機構，如證嚴法師的慈濟功德會，聖嚴法師的中華佛學研究所，佛光山的佛光衛視等等，的確是大開眼界，深受啓發。

國內從宗教政策恢復以來，也有許多道場開始致力於慈善活動及弘法教育事業，力圖改變佛教在人們心目的消極形象，發揚大乘佛教積極入世的精神，這是一個可喜的現象。但我們也應清醒地認識到，一味強調入世，對佛教的健康發展也會帶來一定的負面影響。在臺灣參訪期間，我曾在圓光佛學院談到這個問題，提出當前佛教發展要處理好「學術與信仰、出世與入世、內修與外弘」三個問題。目前，教界辦學也在與學界接軌，但過分強調學術，往往會造成信仰的淡化，結果得了學位卻丟了果位。而在修行和境界都未能達到相當程度之時就積極入世，也容易被五欲塵勞所淹沒，使菩提心被名利心取而代之。內修與外弘也是同樣，一些修行具有相當成就的前輩高僧，尚且會因事務纏身而影響到自身修行，何況我們現在的人。在「菩提道次第」中，特別強調菩提心應以出離心爲基礎，這一過程對我們來說是必不可少的。如果沒有經歷一定的聞思階段，沒有三學的熏修，相應的僧格和素質還沒有培養起來，就急於入世，往往很難正確把握發展的方向。所以，我覺得正確處理好這三個問題是佛教健康發展的保障。

問：法師曾經戲言：按照現有的發展趨勢，所有的文化將只剩下一種，即現代化。且

不論這一現象的利弊得失，就當今教界來說，現代化的進程也對佛法弘揚提出了新的課題，古老的佛教是否也應接受現代化的挑戰？

答：佛法的弘揚當然是要走向現代化。佛教是契理契機的，契理就是契合佛法的基本原理，契機就是契合眾生根機及時代要求。從佛教傳播史上來看，歷代高僧大德爲了使佛法在不同地區和時代得到傳播，總是以當時人們最容易接受的方式來弘揚佛法，這也正是佛法形成不同體系和宗派的重要原因所在。所以，現代化的問題不僅是我們今天才面臨的，在以往各個時代，歷代祖師都曾面臨過類似的問題。一代人有一代人的使命，古代大德們完成了他們那個時代的使命，在今天，佛教現代化的使命就責無旁貸地落到我們這一代佛弟子的身上。

問：現代化不僅是一個理念，還要透過許多具體的操作來進行，法師認爲，應當如何使佛教的現代化落到實處？

答：在佛教步入現代化的進程中，除了立足於契理契機的根本宗旨，還應注重對傳統的繼承和發揚。但是，我們要繼承什麼樣的傳統呢？佛教在發展過程中曾經出現了許多誤解，這些也是傳統，但不是優良的傳統。有些人對中國宗派佛教持全盤否定的態度，以爲唯有阿含經典才能眞正契合佛法；有些人專弘淨土一宗，斷章取義地強調其中的部分內容，廉價出售淨土法門，甚至只見淨土而不見佛法。這種種知見，都是因爲對傳統的片面認識所造成。我們繼承傳統，是要繼承佛教的優良傳統，這就需要對傳統有正確的認識，以此選擇我們所應繼承和繼續發揚的部分。也只有這樣，才有利於佛教的健康發展。

佛教現代化面臨的首要問題是文獻整理。五四運動之後，隨著白話文的興起，傳統的閱讀方式有了很大的改變。儘管佛經在翻譯之時選擇了較爲明白曉暢的語言風格，也可以說是當時的白話，但對於今天的人來說，在理解上還是有一定的困難。尤其是歷代高僧的大量論典和注疏，沒有一定的佛學基礎就很難深入。這就需要以現代的學術規範進行整理，如校勘、注釋及白話翻譯。透過這些工作，將更有利於佛教典籍的推廣普及。

而在弘法過程中，也要契合時代的思潮，如人生佛教的理念就和當代的人本思想非常契合。儘管古今中外的所有問題無非是由人們的貪、瞋、癡煩惱所構成，但在每個時代都有各自不同的表現形式，我們應對社會現狀予以關注，以佛法的智慧去解決現實人生存在的問題。至於在弘法方式上，科技的發展的確帶來了很多便利，我們應充分利用現代科技及媒體的作用，在採用傳統講座和印贈經書弘揚佛法的同時，透過錄音、錄影、電台、網路等各種管道來傳播佛法，使更多的人從佛法中得到受益。

問：前面您提到要正確處理「學術與信仰」的問題，同時也談到將對佛教典籍進行學術規範。那麼，究竟應當怎樣把握兩者之間的關係？

答：學術只是一種工具和方法。既然是工具，那麼，它能達到的效果就在於我們是如何來運用這一工具。從現有的發展趨勢看，今天所提倡的現代化基本就是全盤西化，而我們所說的學術化也是沿用了西方的治學方式。應當說，它的確有自身的

長處，有値得我們借鑒的地方，但是不是就可以一成不變地照搬呢？佛教的現代化工作還是要在繼承傳統的基礎上進行，正如民國年間所討論的中西體用的問題，佛教應以自身的優良傳統爲根本，在這一前提下，使現代化的工具爲我所用。以現代學術規範來研究佛學，對於典籍校勘和文獻整理固然有一定作用，但涉及到佛學思想內容，尤其是修證的層面，學術方法就顯得蒼白無力。如果以學術規範來處理所有的問題，佛教將只剩下屬於文化的這一部分。事實上，文化只是佛法傳播的載體，而沉溺於學術研究甚至會以喪失信仰爲代價。所以，在佛教學術化的過程中，我們要看到學術方法的長處，更要看到它的局限。

問：現代化所帶來的另一個重大改變就是社會的整體商業化。在利潤最大化原則成爲一切的今天，寺院是不是也會受到或多或少的影響？

答：現代化是以科技和經濟的發展爲兩大支柱，從今天的社會現狀來看，這樣一種指導思想所帶來的負面影響也是大家有目共睹的，這個問題如果展開說的話就太大了。寺院也是社會的一個組成部分，受到影響和衝擊是必然的。但對於寺院或出家僧伽來說，不能忘記根本職能。寺院是一個道場，是出家人修道的場所，寺院和僧寶的使命是住持佛法，弘揚佛法。明白了寺院的基本職能，自然就能認識到寺院的過分商業化是一種不正常的現象。

問：在宗教政策落實以來，國內各地陸續辦起了幾十所佛學院，也爲教界輸送了一批又一批畢業生，但目前能夠走向社會從事通俗弘法的法師卻極爲有限，其中的原因究竟是什麼？

答：目前佛學院的教育，無論是兩年的預科教育，還是四年的本科教育，雖然在課程設置上涉及的面很廣，但其弊端在於，對其中任何一門的學習都是浮光掠影式的。學生經過兩年或四年的學習，往往只是掌握了一些支離破碎的佛學知識，未能對某個宗派或經論有深入瞭解。從另一方面來說，佛學院的教學沿用了社會辦學的模式，基本局限於知識的傳授，缺乏對學員弘法能力的培養，既沒有安排弘

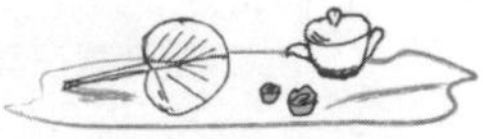

法布教的相關課程，實際的鍛鍊機會就更少。而學生在畢業之後，更難有進一步深造和學習研究的環境，目前國內的三十多所佛學院中，只有中國佛學院、閩南佛學院、戒幢佛學研究所等少數地方招收研究生，能夠提供的機會很少。沒有扎實的佛學基礎，又如何能走向社會從事弘法利生的事業？再者，從佛教界的大環境來說，弘法的氣候也沒有形成。受社會的影響，教界有不少人也在熱衷於權利與經濟之爭，將發展旅遊和經懺佛事做爲寺院的重點建設，沒有將荷擔如來家業做爲出家人應盡的本份。因此，即使有一些學有所成也有心從事弘法事業的僧才，卻沒有因緣去成就他們。這種種原因，使得能夠走上社會弘法的法師寥寥無幾。

問：法師又是如何走上弘法道路的呢？法師經常說自己是隨緣弘法，但緣也是可以造就的，您從事弘法這麼多年以來，除了社會的需要，是不是也包括了主觀的努力？

答：在我自己來說，從出家到上學的那些年，並沒有弘法的願望。上學期間，因爲文化和佛學基礎都比較差，只知道如饑似渴地學習，並沒有什麼其他的想法。畢業後到了廣化寺，教學之餘就是讀書，過著非常單純的生活，和社會幾乎是隔絕的，也還沒有產生弘法的念頭。來到廈門之後，有機會接觸一些海外的法師，瞭解到許多港臺教界的弘法情況，受到了很大啓發。最初的弘法活動是從廈門大學開始的，當時我在廈大歷史系進修研究生課程，因爲這一因緣，就和廈大歷史系聯合舉辦了「佛教文化研討班」，在南普陀圓通講堂爲廈大學生開設佛學講座。在此同時，南普陀寺也開始舉辦面向社會民眾的通俗弘法，記得當時選擇的主題有「正信佛教系列講座」及「人生佛教系列講座」。這些活動都取得了比較好的效果，於是開始有外地高校及佛教團體請我去講經講座，這幾年也經常應邀去海外弘法。

我自己一直是本著隨緣弘法的態度，有人請的時候就盡量去，沒人請的時候就呆在山上讀書教學。人的一生很短暫，能夠扎扎實實地做好一件事情就不錯了，這就需要給自己一個明確的定位，知道做什麼對自己是最合適的。有了這個定位後，就努力去做。當然做事還要有因緣，包括主觀和客觀兩個方面，主觀就是我們的發心、願望及能力，客觀就是外在的環境。所以，我所說的隨緣並不排斥主觀的努力，當客觀條件具備時，就好好地去做；當客觀條件不具備時，就培養主觀條件，也就是提高自己的素質。只有這樣，在客觀條件成熟之時，才有能力去擔當。我知道自己的興趣在哪裡，出家這些年來，各種機會也很多，但只有弘法才是我眞正想要從事的事業。

問：很多人都非常羨慕法師的生活，平時在山中讀書寫作，又有機會在世界各地講經弘法，從您個人來說，內心更傾向於哪一種生活方式？

答：在山裡讀書寫作、享受自然和外出弘法，對我來說都一樣重要，一樣開心。我覺得一個出家人不存在得意和失意的問題，有的只是因緣的成熟與不成熟。在因緣成熟的情況下我很願意爲社會多做些事情，如果做事的因緣不成熟，我也能因此有更多的時間來充實自己，在大自然中過一種清靜的生活，這不僅適合我的性情，同時也是非常重要的。山居的時光，於我對佛學的思考很有幫助，生活在自然的環境中，能使人變得比較淡泊和沉靜，能使自己的心處於比較空靈的狀態。適當遠離世俗生活，就能從一個比較客觀的角度去觀察世界，比較容易認識人生的眞相。就我個人而言，在弘法過程中儘管比較隨緣，但對佛教事業始終本著積極的態度。也許因為有這份願心，各種弘法的因緣就會不斷出現，所以，我覺得在學佛過程中願力的確非常重要。

問：弘法是續佛慧命的事業，因此也有人說，必須有修有證才能講經說法，這是不是有具體的標準？做為一個多年從事弘法事務的法師，您認為應具備哪些基本素質才足以擔當起這樣的職責？

答：有修有證的概念本身就非常籠統，究竟什麼樣才算是有修有證？有修有證才能弘法，也包含著另一層含義，那就是在不曾有修證之前是不能弘法的，很多人會因

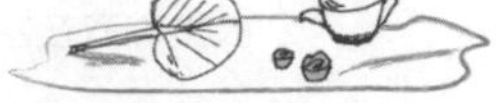

此而退縮。事實上，佛法的修學需要我們以整整一生乃至盡未來際去實踐，這是一個積累的過程。而弘法則是一種能力的培養，從掌握佛法教理到參與弘法，需要有鍛鍊的階段。對佛法的掌握，在成佛之前的任何階段都不能說是已經完成。做爲一個從事弘法事務的法師來說，能對一個問題有正確無誤的認識，就有資格來弘揚這個問題；能對一部經論有正確的認識，就能弘揚這部經論，乃至一個宗派、一大藏教都是如此。除了具備正確的認識之外，相應的品行也是不可缺少的，它是一個弘法者所應具備的基本素質。佛法的弘揚包括言教和身教兩個部分，弘法者對自己的信仰應身體力行地去實踐，才足以爲人師表。所以，我認爲對一個問題有正確的認識並有能力將其表達清楚，能夠遵守基本的戒律並有心實踐佛法，以此做爲自己的人生追求和奮鬥目標，只要具備了這些條件就可以去弘法了。

問：對於學佛的在家居士來說，又應當怎樣來影響並教化周圍的人？

答：做為在家居士，我們可以將自己學到的佛法及在學佛過程中得到的利益和大家一同分享。一個佛弟子能夠切實奉行五戒十善的如法生活，使社會民眾因此生起歡喜尊重之心，使他們從你的身上瞭解到佛法的偉大，而樂意去親近佛法、瞭解佛法，這也是一種很好的弘法方式。

問：做為世界的三大宗教之一，佛教在當今世界的影響力似乎不及基督教那麼廣泛，即使在中國這樣一個有著悠久佛教傳統的國度，耶誕節的影響也超過了佛誕日，這一現象是不是也值得注意？是不是也從一個側面反映了基督教在傳播中的成功經驗？

答：在西方社會，基督教已經成爲民眾生活的一個部分，這的確可以使我們從中得到啓發。我們今天提倡人生佛教，就是要將佛法落實到生活中，和生活打成一片。佛法並不是抽象的理論，而是對人生的全面關懷，包括從出生到死亡的每個階段。我們不僅要給民眾提供正確的人生觀念，也應當提供更爲具體的舉措。如臺

灣教界已實施推廣的佛化婚禮及臨終關懷等等，就是一些很親切的弘法方式。國內的佛教界也完全可以根據弘法的需要，開展一些與民眾生活相關的活動。而佛菩薩聖誕等佛教節日，在歷史上也曾普及並演化爲民俗的一部分，但今天已被人們漸漸淡忘。我們也應當將此項工作做爲對傳統文化的恢復，並透過相關活動的開展來弘揚佛法，如在觀音聖誕宣導慈悲的精神，在地藏菩薩的聖誕宣導奉獻精神，使佛法以各種方式滲透在民眾的生活中，和生活息息相關。

問：現行的宗教政策對弘法活動的開展有沒有什麼阻礙？

答：的確有很多人抱怨政策不寬鬆，事實上，在現行宗教政策允許的範圍內，我們還有很多空間都不曾好好利用。政策允許寺院舉辦佛學講座，但有幾個寺院在開展這項活動呢？在旅遊業日益發展的今天，各地寺院幾乎都成了重要的旅遊景點，這固然在某種程度上影響了寺院的寧靜，但同時也爲普及佛法提供了很多機會，可寺院又爲遊客提供了什麼？很多人到寺院走馬觀花一圈，僅僅將寺院當作古建築和園林來參觀，沒能得到任何佛法的受益，使他們入寶山而空手歸，這可以說是我們最大的失職。其實，我們需要做的並不是很難，我們可以在寺院以宣傳欄的形式介紹佛教常識；可以設立小型圖書閱覽室和影音室，準備一些通俗的佛教書籍和影音資料供遊客學習；可以設立經書贈送處，印贈佛教普及讀物與大眾結緣，以此消除人們對佛法的誤解。還可以開設素菜館，宣傳素食與健康的意義；可以成立由出家師父和在家居士組成的導遊小組，免費爲遊客導遊並宣傳佛法知識；可以成立心理健康諮詢機構，爲遊客答疑解難，並以佛法來解決現代人的心理障礙。寺院的建築和格調應保持古樸和莊嚴，在晨鐘暮鼓和梵唱清音中使遊客切身感受寺院的獨特氛圍。出家僧眾應威儀具足，舉止祥和，使民眾生起恭敬及皈依之心。這些都是在宗教政策允許的範圍之內，每個寺院只要有心就可以做好。所以，我們要有效利用我們現有的陣地。

問：印贈經書是比較普及的弘法方式，長期以來，教界已做了大量工作。戒幢佛學研

究所在辦學的同時，也將通俗弘法做爲重要的發展方向，您在這方面有什麼具體的想法呢？

答：佛教界在印贈經書方面的確做了很多工作，也取得了相應的成效，但我認爲其中還存在兩個問題。首先是印刷品質比較粗糙。凡夫是很著相的，印刷粗糙的經書不易讓人生起歡喜之心，尤其是對於還沒有信仰的人，無法引起足夠的重視。另外就是經書的內容，印贈的經書內容大同小異，且以宣傳因果報應的居多，這對已具備一定信仰的人是有作用的，但對普通民眾來說，反而加深了他們對佛法的誤解，很難使他們因此信仰佛法。長期以來，中國奉行的是無神論教育，在這種先入爲主的觀念下，輪迴說就成了他們學佛的重要障礙。因此，面向社會弘法，在內容上應多重視佛法對現實人生的關懷，針對現實人生存在的問題去引導大眾；在書籍裝幀上要提高品位，佛法是人生的智慧，是生活的藝術，一本書不僅要從內涵上給讀者以啓迪，也要從裝幀上使人心生歡喜。能夠做到這兩點的話，人們拿到這樣的書，就會有興趣好好讀一讀。

問：記得您在主持「戒幢佛學研究所」的「週末論壇」時，曾經有部分學員對法師致力於通俗弘法提出了不同意見，認爲在教界師資不足的情況下，法師應當將更多的精力用來培養弘法人才，您自己對這個問題又是如何看待的呢？

答：通俗弘法和培養人才對於弘揚佛教的作用是一樣的。因爲社會是僧眾來源的土壤，也只有在佛教信仰比較普及的前提下，我們才可能得到高素質的佛教人才，並從中培養出類拔萃的僧才。就我個人來說，把兩者看得同等重要。

通常，我們以爲佛學院的教學要比通俗弘法更難，事實恰恰相反。通俗弘法的事情似乎有些佛學常識的人都能做，但眞正要做好，做得有效果，還是不太容易。因爲通俗弘法所要做的，是用通俗易懂的方式表達高深的佛法哲理，所要做的是深入淺出的工作，如果沒有深入研究經教，怎麼能準確運用通俗、生活的語言去表達佛法？又怎麼能用佛法的智慧去解決現實人生存在的各種問題？而通俗弘法，面對的聽眾也可能是初次接觸佛法，需要在短時間內使他們對佛法產生興趣，不具備一定的攝受力，又如何能打動對方？而透過短短一次講座就把某個問

題講清楚，也是不容易辦到的。

問：還有個問題不知是否恰當，古德云，「做空花佛事，水月道場」，從這一角度來看，弘法的意義何在？

答：空花佛事、水月道場是一個從事弘法的法師應該具備的認識和境界，否則，還不能稱爲一個合格的弘法者。菩薩道的修行具備了三大內涵，即菩提心、菩薩行和性空見。性空見就是要了知一切法如夢如幻，有了這個前提，在度眾生的過程中才不會執著於自己所從事的事業，不會執著於五欲塵勞。反之，雖初發心是菩提心，久而久之，就會成了名利心。菩薩雖了知諸法如夢如幻，但同時也知道因緣因果的相續作用，因此還是能以慈悲心爲眾生講經說法，修習福德資糧。《金剛經》告訴我們：「菩薩度無量眾生，實無一眾生得滅度者。」正因爲菩薩不住於度化眾生的相，才能對所有人發起平等的同體大悲，積極從事度化眾生的事業。

問：繼《人生佛教叢書》之後，法師又將推出新的《人生佛教小叢書》，能否請您簡單介紹一下有關情況？在結束這次採訪前，還想瞭解法師下一步的打算，我想這也是廣大讀者所關心的。

答：所有的社會問題都是我想要關注的，以佛法的智慧來解決社會人生的一切問題，正是每個佛子的責任所在。即將推出的《人生佛教小叢書》，將是我在今後這幾年的重點任務之一。《小叢書》將從佛教的角度來關心信仰、環保、道德、財富等種種社會問題。

同時，我也希望透過多種管道來弘揚佛法。目前，研究所還主辦了「戒幢佛學教育網」和我的個人網站，包括「論文專著、法音宣流、弘法足跡」等幾大欄目，收集了大量的影音及文字資料，可以說是我十年弘法的一個總結。網路道場能夠超越時空的局限，爲更多的人提供接觸佛法的因緣。

我是個隨緣的人，只要有因緣就會努力去做。當然，我也很希望自己能有更多的時間在山裡坐看雲起。

10
人生佛教的思考

人生佛教的內涵非常寬泛。我從上世紀九〇年代初開始弘法，十多年來，始終希望從佛法的角度關注社會人生，包括信仰、道德、財富、環保等現實問題，爲民眾提供智慧的思考。

本文則想從宏觀的角度著眼，爲大家認識人生佛教提供一個思路。

人生佛教的提出

人生佛教的理念，由近代高僧太虛大師率先提出。大師所處的清末民初，內憂外患，國勢頹敗，教界亦面臨同樣的危局。中國國勢自隋唐達至鼎盛，宋元以降便逐漸衰落。佛教的命運幾乎與國運同步，自西漢哀帝元壽元年（西元前二年）傳入中國，至隋唐走向巔峰，其後便宗門不振、教下式微了。

佛教的衰微，原因固然很多。但以近數百年教界的狀況來看，主要有以下幾方面原因：

首先是經懺佛事的盛行，使民眾普遍以爲佛教乃爲死人服務的法門。這一影響至今不衰，很多人臨到操辦喪事時，才念及寺院和僧人。在香港地區，甚至有人認爲遇見出家人不吉利，便是這一流弊造成的。

其次是往生淨土思想的普及，使民眾以爲佛教只關心來世，並視爲死亡的宗教。所以，不妨等死之將至時再著手修行，年輕時大可享受人生。佛教信徒中，老年信眾的比例遠高於年輕人，這也是重要原因之一。

第三是禪者生活型態的影響。禪僧多重視個人了脫生死，其修行方式又使其多選擇隱逸的生活，居於水邊林下，入山唯恐不深。既不覩世間喧鬧，亦不聞社會疾苦，帶有濃厚的出世色彩。這種山林佛教，又使得民眾視佛教爲消極遁世的逃避。

針對這些狀況，太虛大師提出了「三大革命」方針，即教理革命、教制革命、教產革命。在當時，這一觀點無疑是振聾發聵的，大師也因此被稱爲「革命和尚」。

教理革命，是要恢復教理的純正性。佛教在中國兩千年的傳播過程中，因爲翻譯或是理解的失誤，難免出現一些偏差，形成鬼神化、神祕化、哲理化、出世化、世俗化等傾向。教理革命，便是要革除這些流弊，恢復佛教的本來面目。

教制革命，是要革除佛教在中國社會環境下形成的一些不良制度。佛教戒律是本著法治的精神確立，僧事僧斷，有良好的民主氛圍。而中國卻有著悠久的人治傳統，綿延數千年，僧團也難免受到影響。隨著叢林清規的興起，僧團向人治轉型，其發展之最便是家長制。傳統寺院有十方叢林和子孫寺廟之分。叢林方丈由十方選賢，只要德行高廣，無論來自何地皆可出任住持並統領僧眾。而子孫寺廟則在師徒間傳承，由師父傳給徒弟，徒弟傳給徒孫。日本有些寺廟甚至以血緣相承，由父親傳給兒子，兒子傳給孫子。這一制度對佛教發展極爲不利，容易使寺廟淪爲私人財物。教制革命，便是要改革這些不良制度，恢復佛陀制戒的根本精神。

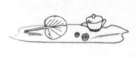

教產革命，即對僧團財產進行規劃。原始僧團實行「共產主義」制度，財產平均分配，和合共住。僧人是無產者，不可擁有私人財產。「一缽千家飯，孤身萬里遊」，過著行雲流水般的生活。但隨著制度的錯位，如子孫寺廟的出現，部分寺廟已成爲私人財物。若這些僧人品行不過關，便可能將教產用於個人享樂，影響佛教的健康發展。針對這一問題，太虛大師制定了一整套改革制度，希望透過各級佛教組織統一管理寺產，並從全域出發，根據佛教發展需要進行分配。

人生佛教的理念，正是「教理革命」的重要內涵。

人生佛教與原始佛教

佛教有小乘和大乘之分。此外，根據傳播地區的不同，又分爲漢傳、南傳和藏傳三大語系。中國佛教屬於大乘佛教，在傳播過程中又出現了八大宗派，即淨土宗、禪宗、律宗、華嚴宗、天台宗、三論宗、法相宗、眞言宗。

人生佛教既非獨立於宗派之外的新生事物，亦不同於任何傳統宗派。因爲宗派佛教具有一系列內涵，如各宗皆有自身的依據典籍，有特殊的思想內涵，有自宗的修行實踐，還有對整個教法所作的判攝（判教）。在這些方面，人生佛教並沒有完整的體系。

我給人生佛教的定位是：它是佛教的人本主義運動，是對原始佛教的回歸。

佛教誕生於印度，這是個充滿宗教色彩的國家。幾乎世界所有的宗教，都可在此

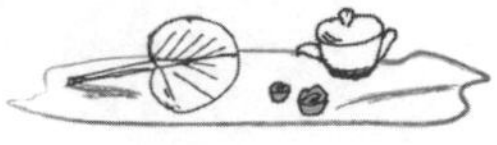

找到思想根源或相關理論。雖然印度是佛教發源地，其傳統宗教卻是婆羅門教，即現在的印度教。婆羅門教崇拜大梵天，視之爲萬能的造物主，認爲世界乃至人類皆由大梵天創造，並由此提出四種姓的思想。四種姓分別是婆羅門、刹帝利、吠舍、首陀羅，由神的不同部位創造。其中，地位最高的婆羅門從梵天嘴巴出生，爲專事祭祀的僧侶階層；稍次的刹帝利從梵天肩膀出生，擔任國王、宰相等行政階層；再次的吠舍從梵天肚臍出生，爲工商階層；而底層的首陀羅則從梵天的腳底出生，是不具備轉生資格的賤民。印度種姓制度極爲森嚴，首陀羅甚至沒有最基本的人身自由，隨時可能受到其他種姓的傷害。

和世界其他宗教一樣，婆羅門教非常重視祭祀。因爲人乃神造，命運亦取決於神，必須以宗教儀規恭敬於神，以各種讚美取悅於神，才能獲得平安。《吠陀》中，便記載了很多讚美神祇的詩篇。此外，他們還有很多宗教迷妄行爲，視恆河爲神聖，認爲到恆河沐浴即可洗清所有罪業。這一傳統沿襲至今，每年都有千百萬人前去沐浴祈禱。

在這樣的歷史背景下，佛教的出現無疑是對傳統的挑戰，因而被稱爲反傳統的沙門集團。佛教反對不平等的種姓制度，任何人皆可出家，僧團根據戒臘而長幼有序。不論原來身份爲何，進入僧團便具有平等的地位，所謂「四姓出家，同一釋種」。

在佛陀的教義中，立足於以人爲本的原則，認爲命運由人類自身而非神祇決定，並由此提出業力說。佛教提倡衆生平等，但各人的天資秉性、福德因緣卻大相徑庭，原因何在？正是業力使然。所謂業力，又由各人行爲構成。生命是無盡的延續，今生命運取決於過去行爲，當下行爲又決定未來命運。行善或作惡，直接導致了生命現象的差異。

所以，人既是平等又是不平等的。在因果規律前，是平等的；但行爲不同，又導致了現象的不平等。作惡，張揚了生命中不善的力量；行善，則張揚了生命中善性的力量。由此造成現實人生的種種差異，包括性情、人格乃至相貌的差異。所以，平等不能抹殺不平等，而不平等也不能推翻平等。

因爲命運取決於自身行爲，佛教由此提出了一系列倫理觀念，透過健康的生活型

態來完善人格，而不是一味祈禱。《善生經》中，講述婆羅門青年善生每日清晨在曠野中拜東、南、西、北、上、下六方。一日，佛陀遇到這位青年並問他爲何而拜。善生答說是父親臨終囑託，亦是祖祖輩輩的傳統，原因不詳。佛陀便根據他所說的六方，賦予佛教的倫理內涵。如東方代表父母和兒女的關係，南方代表老師和學生的關係，西方代表丈夫和妻子的關係，北方代表親朋好友間的關係，上方代表宗教師和信徒的關係，下方代表主人和僮僕的關係。然後，分別指出雙方應履行的責任和義務。如丈夫對妻子應履行哪些職責，妻子對丈夫應履行哪些職責；父母對兒女應履行哪些職責，兒女對父母又應履行哪些職責等等。佛陀的很多教義，都是針對當時印度的宗教迷妄行爲而提出，爲我們做了非常具體的人生指導。

人生佛教直接繼承原始佛教以人爲本的思想，立足於佛陀教化世間的根本精神，對傳統佛教做出了契合時代的解讀。如《心經》《金剛經》《維摩詰經》等，皆可從關懷現實人生的角度進行詮釋。近百年來，弘揚人生佛教的大德們，基本都在從事這一工作。

人生佛教的思想特徵

做爲佛教的人本主義運動，人生佛教雖未建構完整的理論體系，但從太虛大師、印順導師的著作及近現代的弘揚情況來看，也有其自身的思想特徵。

以人為本

這是針對傳統的神本和鬼本而提出。古今中外，幾乎所有宗教皆以神爲本：人由神所造，並最終回歸神的懷抱。此外，國人還特別重視鬼的觀念。鬼即歸，陽壽盡後便至陰間成爲鬼魂。而佛教認爲，生命型態分爲天、人、阿修羅、地獄、餓鬼、畜生六道，如此輪轉不息。其中，人的身份是最爲重要的。

那麼，佛教提出的以人爲本，和西方人文主義思想有何不同呢？人文主義者認爲，人是自己的主人，也是世界的主人，可以根據人類所需隨意改造世界，使其提供更多的服務。而佛教認爲，人類雖然是自己的主人，但世界卻不僅是人類的，也是其他生物的。一切眾生皆有獨立生存的權力，誰也不隸屬於誰。所以，佛教不僅提倡人權，更強調眾生權。在生存權利上，人類和眾生是平等一味的。我們不僅要保護自身的生存權利，也要尊重他人乃至動物的生存權利。是否尊重生命，是區別文明和野蠻的重要標誌。

而佛教和其他宗教的最大區別則在於，佛教認爲人的命運是由自己決定，不存在什麼造物主。那麼，人又該如何決定自己的命運呢？事實上，世人大多沒有能力實現這一點。我們不瞭解自己的生命，不瞭解煩惱之因和對治方法。我們想不煩惱就能不煩惱嗎？想開心就開心得起來嗎？很多人爲了生存不得不四處奔波，面對天災人禍、疾病死亡時更不能自已。所以，當我們說到命運掌握在自己手中時，前提是能透視生命，並明確改善方式。

我們必須瞭解生命內在的因素，知道哪些力量會傷害我們，又有哪些力量會使我們獲得自在。否則，即使社會給我們再多的自由，我們仍會受到內心的束縛。對自身的無知和種種煩惱，決定了我們無法自由。現代社會崇尚科學，除了改造物質世界的科學，道德人倫和心智科學也很重要。事實上，它和人生的關係更為密切，直接關係到我們如何認識自己，如何協調自我與他人的關係。

徹底瞭解自己，才能做生命眞正的主人，進而透過修行改善命運。否則，我們只能在世間隨波逐流。所謂的把握命運之舵，只能是一句無法實現的空話。

珍惜人身

現代世界人口過剩，很難感受到人的身份究竟多麼寶貴。不少人會覺得，造人並不難，生個孩子就是了。但佛陀告訴我們，人身寶貴，難得而易失。儘管地球上已有幾十億人口，但和動物相比還是微不足道的。僅在我們的色身內，就存在無數微生物；僅一個小小的蟻窩中，就有百萬甚至千萬生命。更何況，宇宙浩瀚無邊，其中又生存著多少眾生呢？

佛教認為，人身價值重大。在無盡的生命長河中，這樣的機會，或許是千年等一回乃至更久。我們得到它，等於得到了今生可以支配的最大財富。如何進行投資，則涉及價值觀的問題。

在這個世界，很多人將功成名就、家財萬貫做爲追求目標。這些對生命本身的改善又有多少意義？當我們死亡時，又能抓住什麼？我們兩手空空而來，又兩手空空而去。但在來去途中，並非一無所有，伴隨我們的，正是無始以來造作的業力。我們做每件事，結果不只是外在的成敗，更會在內心留下各種影像。

人們做一項投資時，必然會考量投資的成本和收益。成本包括人力和物力的投入，但還有一點最重要的，可能再精明的商家也不曾考慮到，那便是心力的參與。如今，很多人做事都唯利是圖、不擇手段，事業成敗還未見分曉，心態卻首先扭曲了。若是這樣，無論事業結果如何，這項投資必然得不償失。因爲人生最重要的，在於生命自身而非生命以外。財產和地位是暫時的，我們所擁有的生命素質，卻有著恆久的影響力。

佛教認爲，所有生命型態中，唯有人的身份才能幫助我們提升生命素質。一般宗教皆以天堂爲永恆歸宿，但《阿含經》卻告訴我們：「人間於天則是善處。」原因何在？從生存環境而言，天堂固然美滿，但天人往往因耽於享樂而不思進取。且這種享樂並非永久，天福享盡必然墮落。而畜生又太過愚癡，只是憑著本能在世間生存。雖然它們的不少技能都超過人類，卻不具備理性思維，而理性思維才是解脫的關鍵。

人不僅具有理性思維能力，且生存環境有苦有樂，促使人們產生離苦得樂的願望，並尋求解脫之道：生從何來，死往何去？何為生命真諦？何為宇宙根源？在探討世界的過程中，人們建構了哲學、科學、宗教等認識世界的不同方式，逐步接近並發現真理。所以，佛教認為真理和智慧是屬於人類的。

《阿含經》還有一句話是：「諸佛世尊皆出人間。」佛陀是在人間成佛，而非來自天堂。佛陀以其出生和成道，為我們證明了人身之可貴。做為佛教教主，佛陀並非一般宗教所崇拜的神祇，而是有血有肉的人。他經歷過結婚生子的世俗生活，因感於人間生老病死的痛苦，放棄王位並出家求道，經過艱難的修行歷程，最終在菩提樹下覺悟證果。

佛陀以自身修行經驗告訴我們：「一切眾生皆有如來智慧德相，但以妄想執著而

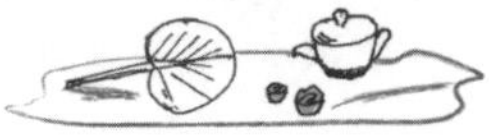

不證得。」也就是說，眾生都具備佛陀所具備的一切品質，只是隱沒不見，雖有若無。因此，爲妄想、生死所縛，非但不能決定生死大事，連心念起落都無法把握。

重視當下的修行和解脫

談到修行和修行成就，人們往往以爲須到臨終才能看出一生修爲。而人生佛教的口號是：當下修行，當下解脫。修行成就不必非以死亡方式才能鑒定，也不必以升到他方淨土爲唯一的究竟。如果修行成就，娑婆世界便是淨土。所以，佛教又有「人間淨土」「心淨則國土淨」之說。可見，關鍵是對心的改造。

我們的內心有兩種力量，一是負面的，一是正面的。前者爲我們製造痛苦麻煩，使我們患得患失，佛教稱之爲凡夫心。後者則是快樂的源泉，是幫助我們開發智慧、證得眞理的動力。孟子云：「人皆可爲堯舜」，但又說「人與禽獸者幾希」。事實上，不少人連禽獸都不如，因爲人能將獸性無限地擴大、張揚。基督教也認爲：人有神性，也有獸性。神造人時，賦予其一部分神的品格。但人還有和動物相似的一些特點，如貪瞋癡、飲食男女等等。在這些方面，我們和動物並沒有本質區別。如果一個人停留在這樣的層面，實在不能說自己比動物高尚多少。近現代的哲學同樣告訴我們：人有理性，也有動物性。而佛教則認爲：人有佛性，也有眾生性。

不論是宗教還是哲學，都發現了人的兩重性。如果張揚高尚品質，就能成賢成聖；如果縱容不善品質，則會退墮淪落。我們將成爲什麼？沒有誰能賦予我們什麼身份。生命源於無盡的積累，我們想什麼、做什麼，就會成爲什麼。人類幾千年的生活和追求，並無本質改變。多數人的生活，只是在重複生命中動物性的層面。只有少數人開發出人性的光輝層面，從芸芸眾生中脫穎而出，成爲流芳百世的賢聖。

在生命發展過程中，兩種力量並非平均發展。有些人很貪婪，貪婪的增長速度就會超過其他；有些人愛嫉妒，嫉妒的增長速度就會超過其他；有些人很吝嗇，吝嗇就會成爲性格的重要特徵；有些人很慈悲，久而久之，慈悲就會增強爲人性中壓倒一切的力量。從這個意義上說，外在的因果報應並不重要。因爲我們所做的一切，結果不僅是外在的，還會在內心留下影像。生活中，我們都有過很多經歷，愉快的回憶會使

人心花怒放，痛苦的回憶則會使人悲傷難過。這些經歷都已過去，但記憶和在內心留下的影像，卻不會輕易消失，必須透過努力修行才能清洗。學佛，關鍵是心念的轉化。我們的生命素質，決定了我們的身、口、意三業。我們可以弄虛作假欺騙他人，甚至可以暫時欺騙自己，但逃脫不了「如是因感如是果」的客觀規律。

在我們生命的某個層面，和佛菩薩是平等無二的。但因爲我們不是活在那個層面，又和佛菩薩有著天壤之別。佛教提倡的修行，是以戒定慧克服自身的負面力量，並張揚正面力量。諸佛菩薩的品質主要是兩種，即無限的慈悲和智慧。

佛教所說的智慧，不是世間有限的知識，而是透視人生眞相的能力，也是穿透煩惱痛苦的能力。具備這種能力，煩惱就無立足之地。這種智慧，是透過聞思經教、如理思維而來。佛教非常重視理性，如果沒有正見，就不可能開發智慧。

佛教所說的慈悲，也不同世人充滿分別的愛，而是「無緣大慈，同體大悲」。無緣大慈，是沒有任何附加條件，對方需要就給予。同體大悲，是將眾生和自己視爲不可分割的整體。在菩薩心中，哪怕捨棄一個眾生，哪怕有絲毫親疏之分，便不是合格的菩薩。這種修行，正是大乘佛教所說的發菩提心、行菩薩道。若能時刻想著利益眾生，高尚品質就會不斷積累並成就。佛教認為，成佛不能離開眾生，正如〈普賢行願品〉所說：「一切眾生而為樹根，諸佛菩薩而為華果，以大悲水饒益眾生，則能成就諸佛菩薩智慧華果。」我們想成就佛菩薩那樣的品質，就要毫無保留、徹底無我地利益眾生。若還有我相在，就仍是凡夫。

菩薩道的修行是在利他中進行的。菩薩發願度化一切眾生，並非度化一切眾生後才能成佛。若能對一切眾生施予平等、無限的慈悲，慈悲品質就成熟了。佛教的修行，主要是重視發心和行為，而非外在結果。因為度化眾生是因緣法，佛陀度化眾生的心行是圓滿的，卻不是每個眾生都有緣得度。

重視現實人生的問題

現實人生的問題很多。首先是人類自身的問題，包括人心、人性。其次是人生幸福的問題，人類幾千年文明，不斷改造外部環境，無非是想過得幸福。但這些努力並未奏效，事實上，現代人更緊張、更焦慮。原因何在？因爲幸福是物質與精神的結合。多少錢才算富有？多少錢才能過得幸福？沒有尺度可以衡量。有些人很富有，自己卻覺得遠遠不夠，那算是富有嗎？有些人很清貧，自己卻知足常樂，那算是窮困嗎？可見，這些標準是很有彈性的，不是簡單幾個數字可以判斷的，而是取決於我們的心態。

「飯疏食飲水，曲肱而枕之，樂亦在其中」，便是境由心造的眞實寫照。若沒有這份怡然自得的心情，在如此簡陋的物質條件下，不是自哀自憐，便是憤憤不平了。所以，幸福不僅和物質有關，更和心態有關；不僅是唯物的，更是唯心的。認識到這一點很重要，否則想把幾十年過好並不容易。

怎樣活著才有意義？每個人都有自己的價値觀。有的是爲了孩子，有的是爲了事業，古人也有「立德、立功、立言」的三不朽人生觀。但這些對生命自身有多大價値呢？很多事我們經歷時感覺很重要，回首往事時，卻只是些不足掛齒的瑣事而已。

除了我們自身的問題，如何看待財富、環保、信仰等社會問題，也都可以從佛教的角度進行思考。佛陀是智者、覺者、成就者，他所證得的眞理，能幫助我們認識事物眞相，爲我們提供正確的價值觀。

人生佛教的弘揚情況

繼太虛大師之後，印順法師也致力於人間佛教理念的推廣和實踐。印順法師早年親近過太虛大師，他所提倡的人間佛教，內涵與人生佛教基本相同，只是涵蓋的面更廣。不僅對人生，也對整個人間進行全面關懷。

印老以佛學研究著稱，代表作有《妙雲集》《華雨集》等，對傳統佛教做了正本清源的工作。佛教在弘揚過程中，因地區和時代的需要，融入不同背景的文化，並逐漸失去原有的純正性。就像賣牛奶的人，最初批發時就加了一點水，得到的人再加點水批發給另一個，如是輾轉，最後純奶就稀釋得與水無異了。所以，印老覺得有必要從原始佛教中探討佛教的根本精神。但他又受到西方治學方式的影響，以學術研究方法來考量經典，在正本清源的同時，將佛教發展中的一些重要內容也否定了。因此，教界對印老的觀點爭議很大，搞學術的年輕人對其普遍推崇，而傳統的一代則多不認同。雖然存在爭議，但印老的思想成就不容置疑，也在理論上爲人生佛教建立了更加完整的體系。

除印老之外，臺灣教界影響最廣的是慈濟、佛光山、法鼓山、中台山四大山頭。除中台山重點提倡禪修外，其他三家都很重視人生佛教的弘揚。

其中，慈濟的證嚴法師爲印老弟子。她創辦的「慈濟功德會」，三十多年來致力於社會服務、醫療建設、教育建設、社會文化等志業，擁有數百萬會員，在世界各地影響很大。在慈善領域，有長期濟助、急難救助、國際賑災等項目，幫助了千萬貧困和受災的人。下屬的慈濟醫院，秉持「尊重生命」的理念，落實「以病人爲中心」的醫療照顧，醫療技術也達到了世界先進水準。同時，還組織「全球慈濟人醫會」，遠赴南非、印尼等地進行義診，落實「大愛無國界」的理念。此外，還開辦慈濟大學、慈濟技術學院、慈濟附中、慈濟實小等教育機構，並在美國和加拿大設立了數所慈濟人文學校。他們所做的這一切，扭轉了佛教在人們心目中消極避世的印象。

佛光山的星雲大師，則秉持「以教育培養人才、以文化弘揚佛法、以慈善福利社會、以共修淨化人心」的理念，全面開展弘法事業。在他的帶領下，佛光山道場遍佈亞洲、非洲、澳洲、美洲等一百多個國家和地區。星雲大師時常在世界各地演講，出版人生佛教小叢書，以佛法智慧接引社會民眾。此外，他也非常重視教育，除致力於僧伽教育外，還開辦了佛光大學、南華大學、西來大學、佛光信徒大學、普門中學等十多所院校。同時，熱心從事各種社會公益活動，相繼成立急難救助會、觀音放生會、大慈育幼院等慈善組織，並與法務部合作成立臺南戒毒村，由法師長期駐監爲佛教戒治班的吸毒者輔導教化。本著菩薩道的精神，對社會進行全面關懷。法鼓山的聖嚴法師，也是人生佛教的有力推動者。法鼓山提倡全面教育，分別是大學院教育、大普化教育、大關懷教育。同時，還大力推動心靈環保的主軸理念，落實整體關懷，在給予物質關懷的同時，全面提倡心靈改造。聖嚴法師曾閉關專修六年，並獲日本大正大學博士學位，非常重視學術研究，創辦了中華佛學研究所、法鼓山僧伽大學、法鼓文理學院、法鼓山社會大學等教育機構。在深研教理的同時，聖嚴法師還以禪師身份在世界各地指導禪七，影響甚廣。

大陸地區，佛協已故會長趙樸老生前也是人間佛教的積極宣導者。在他的呼籲下，很多道場都在致力於人生佛教理念的落實。同時，因爲太虛大師對近代佛學教育的影響，各地佛學院也大多繼承了他老人家的思想理念。

目前國內辦學規模最大的閩南佛學院，一九二五年創辦於廈門南普陀，兩年後即由太虛大師擔任院長，培養「德、慧」兼備的新型僧才。在太虛大師等人的共同推動下，開辦不久即享譽國內，成爲中國近代僧教育的重要基地之一，爲日漸衰落的教界注入了新生力量。當代著名大德印順導師、竺摩法師、宏船長老、演培法師等，皆出自閩南佛學院，也是海內外弘揚人生佛教理念的中堅。閩院後因戰事爆發而停辦，沉寂多年。上世紀八〇年代，閩院又隨宗教政策的落實而復辦，並增設女眾部。經過十多年的努力，培養了大量僧才。

在發展佛教教育的同時，南普陀還成立了國內教界首家「慈善基金會」，以「不爲自己求安樂，但願眾生得離苦」的願力，服務人群、造福社會。先後成立慈善處、佛經流通處、義診院等機構，對特困戶、殘疾人、失學兒童、孤寡老人等給予幫助。參與會員達數萬人，使慈善之念深入社會人心。此外，南普陀寺還積極開展弘法活動。一九九二年起，即與廈門大學共同舉辦「佛教文化研討班」，開國內高校弘法風氣之先。二〇〇三年，又和廈大聯合成立「佛學研究中心」，每週爲高校學子舉辦佛學講座。十多年來，寺院還堅持面向社會普及佛法，贈送各類佛學書刊百萬冊。

河北柏林禪寺所宣導的「覺悟人生、奉獻人生」，也是淵源於人生佛教的理念，本著菩薩道精神，擔負起佛教在當代的使命。自一九九三年起，柏林寺連續舉辦十一屆「生活禪夏令營」，爲青年佛子親近三寶、學習佛法創造了良好的機緣。其創辦宗旨爲「繼承傳統（契理），適應時代（契機），立足正法，弘揚禪學，開發智慧，提升道德，覺悟人生，奉獻人生」。透過「將信仰落實於生活、將修行落實於當下、將佛法融化於世間、將個人融化於大眾」的修行四要，使生活與修行互相融攝。自開辦以來，每年有數百位青年參加，在社會引起了廣泛影響，爲「佛法關懷社會、社會認同佛法」建立了極有親和力的交流管道。

近年來，蘇州戒幢律寺也積極致力於人生佛教的弘揚，在辦學和弘法方面做了大量工作。寺院對外開放之初，即確立「重視文化建設、重視教育發展、重視人才培養」的基本原則和「學修一體、持戒習律」的發展方向。一九九六年創辦「戒幢佛學研究所」，強調「從律儀生活中培養僧人形象，從禪定修行中培養信心道念，從聞思經教中樹立正知正見」，造就愛國愛教、具足正見、續佛慧命的高素質人才。在開展僧教育的同時，戒幢律寺還面向社會開展弘法活動。幾年來，分別爲中老年信眾和青年學子長期開辦不同層次的佛學講座和共修活動，爲在家信眾提供了如法的修學環境。同時，以《濟群法師談人生》和《人世間》期刊的形式，大力推廣人生佛教理念，受到社會各界的一致好評。此外，寺院還率先拓展網路弘法，以契合時代脈動的方式關注社會、人生，爲佛法在新時期的弘揚建構了嶄新的平台。

佛教在當代弘揚中的思考

人生佛教的弘揚，爲佛教在當代的健康發展注入了活力，也爲佛教在社會的推廣

普及拓展了道路。但在實踐過程中，也存在一些問題。主要表現爲膚淺化的傾向，使人生佛教有演變爲人乘佛教的趨勢。

佛教修行分爲五乘，即人乘、天乘、聲聞乘、緣覺乘、菩薩乘。五乘又匯歸爲三士道，以人、天乘爲下士道，聲聞、緣覺乘爲中士道，菩薩乘爲上士道。人生佛教立足於人乘而直達菩薩乘，太虛大師總結爲：「仰止唯佛陀，完成在人格。人成即佛成，是名眞現實。」

因此，人生佛教在弘揚中主要偏向人天善行及菩薩利他行，重視五戒十善和六度四攝。從表面來看，人天善行和菩薩利他行有著類似的道德項目。儘管在深度及廣度上截然不同，但一般人很難做出區分。比如，菩薩的利樂有情和世間的救濟貧困有何區別？菩薩的莊嚴國土和世間的改善社會有何區別？若不具備正知正見，很可能將人天乘等同於菩薩行。

人天善行包括兩方面，一是自利，以佛法智慧正確處理財富、家庭等問題，以此改善人生；一是利他，包括樂善好施、熱心公益事業等等，以此造福社會。但這些善行都是建立在凡夫心的基礎上，當改善出現成效之後，凡夫心可能又會因此產生貪著。即使做得再多，也往往是在成就凡夫心，甚至走向追名逐利的盲點。因為凡夫心是有我的，有我就會有障礙。

菩薩行與人天善法的不共之處，就在於出離心、菩提心、空性見。唯有建立在這一基礎上的善行，才能昇華為無上菩提的資糧。出離，是出離六道、出離輪迴。某些人以為，菩薩不可厭離世間，無須出離六道。《菩提道次第略論》專門批駁了這一觀點，論曰：「經謂菩薩于世間不應怖畏之義者，非謂於業惑所制，而流轉三有之生老病死等苦，不應出離。蓋謂菩薩悲願自在，為益有情，而於三有受生，不應怖畏也。夫以惑業所制，流轉世間，為眾苦所逼者，自利猶且未能，況云利他者哉。此乃一切衰損之門，菩薩較諸小乘尤應厭離而滅除之。而于悲願自在，受生世間，則應歡喜焉。」可見，菩薩比聲聞之出離心更切，只是不忍一人出離，而發心救度一切眾生出離。

在人生佛教的弘揚中，不少問題都是因忽略出離心所致。佛法中，雖有從人乘直至菩薩乘的修行理路。問題在於，沒有出世的超然，從出世到入世的界限就很容易模糊。人生佛教之所以強調入世，主要是針對禪者和淨土行者的出世傾向而言。但在入世過程中，把握不好，就會走入世俗化的盲點。凡夫難免有世俗需求，儘管出家了，未成就前還是凡夫。我們都生活在世間，若無出離心爲基礎，和世人的入世有什麼區別呢？所以，佛教提倡「以出世的精神做入世的事業」，這一點非常重要。做爲出家人，應以持戒、修定培養堅定的道心和宗教情操。如此，才堪能擔當入世度化眾生的神聖使命。

其次，人生佛教比較重視對現實的關懷，但若缺乏菩提心及大乘的性空見，對問題的思考勢必無法深入，流於心靈感悟式的泛泛而談，缺乏實際力用。而不少學佛者也未明瞭人生佛教的深意，將其理解爲富有宗教情操的人生態度，以爲在生活中增加一點佛法氣息便算修行了，無疑是本末倒置。還有一種傾向，則是將佛法與世間善法混爲一談，一味提倡方便和圓融，使佛法喪失了自身特有的內涵。如此種種，最終使佛教走向世俗化。

評說人生佛教，不是為了批判，而是為了使其得到昇華。人生佛教的提出，對佛教在當代的弘揚功不可沒。在有著儒家文化背景的中國社會，佛教歷來因出世而被社會民眾所牴觸。當年，梁漱溟先生所以由佛入儒，便是感於佛教與現實脫軌，無法解決「此時、此地、此人」的問題。事實上，大乘佛教所提倡的菩薩道精神，有著深厚的悲心和恢宏的願力。「眾生無邊誓願度，煩惱無盡誓願斷，法門無量誓願學，佛道無上誓願成。」這是何等寬廣的濟世情懷，又是何等積極的人生態度！

人生佛教所提倡的人本精神和社會關懷，是契理契機的。關鍵是在弘揚中，必須立足於出離心、菩提心、空性見，由人天善行上升至菩薩乘，自利利他，最終圓成無上佛果。

11

用佛法智慧淨化社會人心

——《蘇週刊》訪談

濟群法師的微博已有百萬多名「粉絲」。他的微博註冊於二〇〇九年九月，在新浪微博開始受到大眾關注時，他已經是頗受關注的微博用戶。現在，濟群法師的微博常會被評論、轉發幾百到數千次。那些簡短的睿智之語，貼近世俗人生，發人深思，並非你想像中神祕難解的教義。

許多不瞭解佛教的人，從微博中知道了濟群法師。也有很多人，先從書中瞭解了他，然後循跡找到他的博客、微博。

記者最初也是被一條轉發多次的微博吸引：「傍晚下山，路過一所中學，看到鐵門緊閉。由此想到許多人的一生：上學，被關在學校裡；成家，被關在家庭裡；上班，被關在公司裡；死了，被關在盒子裡。關，不只是環境因素，還有精神因素。人的一生似乎都在編織屬於自己的籠子，然後自豪地把自己關進籠子中。」

濟群法師的博客名叫「坐看雲起」。照片中，他坐在山石上，垂目，微笑，仿佛入定。我們想像中的高僧正是這樣，而不是今天在媒體上走紅的時出雷人之語的「藝僧」。多年來，佛教離我們既近又遠，無數人去過香火繚繞的名山大寺，卻很少能由此接觸到佛學的內涵。

濟群法師一直致力於將佛理通俗化，並將佛學和心理學結合，以佛法智慧淨化社會人心。他已出版著述近二百萬字，有四個系列的叢書印行，包括戒幢佛學系列、人生佛教系列、修學引導系列、以戒爲師系列，其中以「人生佛教系列」最廣爲人知。

目前，濟群法師往返於蘇州、廈門兩地。在蘇州西園寺教學、弘法，主持戒幢佛學研究所的工作，而廈門南普陀寺主要是靜修之地。

在西園寺幽靜的禪室中，記者見到了濟群法師。書櫥裡放滿他的著作，牆壁上掛著「發心求正覺，忘己濟群生」的對聯。法師笑聲爽朗，帶閩南口音的普通話，溫和親切。禪室外，有一個小小的蘇式庭院，牆上鐫刻著法師手書的「入三摩地」。

佛教要爲這個時代做出應有的貢獻

蘇週刊：您是怎麼開始接觸網絡工具的？自己管理博客和微博嗎？

濟群法師：網路我們一直在使用，並於十年前開設了個人網站做爲弘法平台。這是一個沒有國界的平台，在世界各地都可以流覽，這是傳統書刊不具備的優勢。近年來，隨著博客的普及，我意識到博客更靈活，更易爲大眾接受，使用也更方便。後來又發現，微博的傳播力量和速度更有優勢。所以，目前是網站、博客和微博並行。這樣做的目的，就是讓佛法以更多的形式，更廣泛地走向大眾。

佛法的人生智慧，是當今這個浮躁社會特別需要的。爲了契合時代，弘法可以而且應該借助現代的傳播方式，這樣才能提高效率。微博是我自己每天發，博客由一位居士打理，他會把我寫的東西編輯之後發到博客上。

蘇週刊：佛教在普通人眼裡很神祕，似乎是屬於古代的，脫離現實的，您認爲佛教能爲今天的社會做什麼？

濟群法師：社會上有句話叫做「與時俱進」，佛教在傳播過程中也有「契理和契機」的原則。契理，就是準確把握法義，忠實地繼承並傳遞；契機，就是在表現方式上契合時代，令當今大眾喜聞樂見。佛法在二千五百多年的流傳過程中，一直都在根據不同地區和時代的文化背景，以適合「此時此地」的方式進行詮釋。做爲今天這個時代的出家人，我們有責任對佛法做出契合當代的解讀。用現在的話來說，就是佛法的現代化。只有用適合當代的方式去表現，它才能消除隔閡，讓更多的人願意聆聽，願意接受。也只有這樣，佛法才能眞正起到安定社會、淨化人心的作用。

蘇週刊：您剛剛講到與時俱進，是不是說佛教在今天也應該有所改變，那麼如何改變？

濟群法師：與時俱進主要是在表現方式上，而不是在內涵上，不是在法義上。因爲法是法爾如是的，過去如此，今天如此，未來還是如此。不是說，我們需要對法的本身進行增減或是改變。但在佛教傳入中國兩千多年的漫長發展過程中，不可避免地夾雜了許多陳規陋習，令社會大衆對佛教產生諸多誤解。有人覺得佛教只求來世，脫離現實；有人覺得佛教就是躲入山林，不問世事；有人認爲佛教就是燒香拜佛，求得慰藉；有人認爲佛教就是服務亡者，親人離世才想到寺院；還有人覺得佛教只是失意者走投無路後的無奈選擇。諸如此類，都是對佛教的誤讀。

民國年間，太虛大師特別提出「人生佛教」的理念，認爲佛教是立足於現實，是爲人生服務的。每個人生命中都有種種迷惑煩惱，如果沒有解決，我們是無法安心，無法看清自己，也找不到生命終極價值的。太虛大師對「人生佛教」的弘揚，糾正了佛教自明清以來日益嚴重的鬼神化、來世化的傾向，爲民國以來的佛教發展起到了重要作用。近百年來，佛教界在這方面做了大量工作，一方面是透過弘法啓迪社會人心，令大眾擁有健康的生活和心態；一方面是積極開展慈善事業，發揮大乘佛教慈悲利他的精神。尤其是臺灣教界，更是成果斐然。所以說，佛教不只是出世的，也是入世的。但這種入世又不是完全不分彼此，而是像蓮花一樣出淤泥而不染，在利益社會大眾的同時，保持超然的心態、獨立的人格。如果沒有沒有這種超然和獨立，想入世利益大眾是不容易的，很可能是「泥菩薩過河，自身難保」。

蘇週刊：人能徹底解除煩惱嗎？您有沒有煩惱？

濟群法師：一個人只有成爲聖賢，成爲佛菩薩，才能徹底斷除煩惱。身爲一個出家

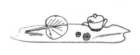

人，雖然還不是聖賢，但我們是在效仿聖賢，在按照佛陀的教導修行並生活，換言之，我們所做的一切正是在對治煩惱。此外，我們的生活習慣、居住環境、做事心態都和在家人不同，都是有戒律和正法保護的，所以煩惱很少，不太感覺得出來。

幸福的產生跟你的需求，跟你的心態有關

蘇週刊：您怎麼看待今天這個時代？

濟群法師：今天是個特殊的時代。從物質的角度看，沒有理由說今天的人過得不幸福。但事實上，過得幸福的人並不多。因爲今天的人需求太多，而一個始終處於渴求的人，是不容易知足，也不容易產生幸福感的。

而與物質高度發達相對應的，是社會的瞬息萬變，是人心的動盪不安。在這樣的喧嘩中，人們愈來愈不容易看清方向。因爲需求太多，就要不停地忙碌著。時間長了，這種忙碌就成爲一種慣性，從來也不去想自己爲什麼而忙，又在忙些什

麼，只是在一片混亂中隨波逐流。可以說，今天的人已經失去休息的能力了。即使在繁忙的工作之餘，人們也不願意停歇，寧願用電視、手機和各種娛樂來打發，來把每一分鐘都填得滿滿的。

爲什麼我們無法讓自己停歇，無法讓自己放慢腳步？一個重要原因，就是妄想和情緒在內心此起彼伏，這種躁動讓我們不得安寧。我們可以看到，多數人的生活，就是在醒來後不斷忙碌，直到筋疲力盡地倒在床上，然後第二天又繼續忙碌。所以，今天的人普遍活得很累，很疲憊。這種累往往不是來自體力上的消耗，而是來自內心的混亂和躁動。正是這種混亂和躁動，把內心的能量消耗殆盡，把寶貴的生命消耗殆盡。

蘇週刊：您經常談到對財富、對幸福的看法，這也是現代人很關注的問題，我們怎樣才能更有幸福感？

濟群法師：現在整個社會的發展比較偏向於物質。所以，政府提倡兩個文明（物質文明和精神文明），確實把握得很準。

從佛教角度來看，生命也是包含物質和精神兩方面。人雖然是活在物質世界，但起到主導作用的往往是精神因素。比如幸福，能夠帶來幸福的究竟是什麼？在物質貧乏的年代，我們可能覺得物質是關鍵因素。但一切應有盡有時，你會發現，帶來幸福的不是其他，正是能感知幸福的心。其實，幸福感就是一種滿足感，你的需求被滿足了，你就會覺得幸福。當然這裡有個前提，就是內心沒有煩惱。通常，在人的一生中，兒時最容易開心。而在成年之後，即使事業有成，生活優越，也不容易產生幸福感。究其原因，一是需求太多，二是壓力太大。比如一個人有幾十億財產後，即使再多幾百萬也很難高興起來。當人的需求不斷擴大之後，得到滿足的概率就愈來愈小，相應的，產生幸福的概率也愈來愈小。所以說，物質只是產生幸福的輔助條件，不是關鍵因素。中國傳統教育是以儒釋道爲基礎，以儒治世，以佛修心，以道養生，重視心性修養和爲人處世之道。但現在的教育多半偏向於實用技能，而忽略了做人的教育，忽略了對人自身的瞭解和改善。現代社會爲什麼會有那麼多問題？最重要的原因，就是教育的定位不清，重

點偏移。如果這個問題不能得以解決，我們是很難成為一個健康的人，一個幸福的人。

蘇週刊：您覺得應該怎麼改變？

濟群法師：不同的文化傳承，會鑄造不同的人格。千百年來，中國人的人格是以儒釋道教育為基礎，從而形成相應的追求、志向、處事方式和立身之道。民國時期，隨著國門被強行打開，國人對傳統文化經歷了由失去信心到逐漸回歸的過程，最後形成「中學為體，西學為用」的認識。也就是說，以中國傳統文化做為價值觀和人生觀的立足點，同時以西方文明做為改造物質世界的工具。可惜的是，這個定位未能得到有效繼承。在過去幾十年，傳統似乎被連根拔起，中國從道德社會迅速走向功利社會，並帶來了種種讓人不得不正視、不得不反思的社會問題和生態問題。目前，人們雖然已經開始認識到傳統文化的重要性，但還沒有進入主流教育。要建設和諧社會，還需要從傳統入手，把它落實到現行教育體制中，這樣才能真正做到全面發展，才能培養出身心健康的人。

如果沒有健全的人格爲基礎，使用科學其實是很危險的

蘇週刊：您舉辦過一些心理學和佛教對話的交流活動，您認爲佛學和心理學之間有共通之處嗎？

濟群：佛法重視對心行的調整，所以自古就被稱爲心性之學。相對西方心理學來說，可以說是東方心理學。在我的弘法過程中，一直重視用佛法幫助人們瞭解內心，解決內心存在的問題。心理學所做的雖然和佛法有相通之處，但重點只是解決異常的心理問題。至於人類共有的貪瞋癡煩惱，在心理學領域屬於正常範疇，並不在其解決之列。而佛法是要從根本上解決一切煩惱，這不僅是異常心理的病因，也是種種痛苦的根源。所以說，佛法對心理問題的認識和解決更爲透徹。

正因爲如此，西方心理學界自榮格以來，不少流派都在廣泛吸收佛教的教義和禪修實踐，應用於心理學的學科建設和臨床治療。相關著作在西方已出版了很多，戒幢佛學研究所也組織翻譯了五本。此外，我還參加過一些心理學界的高端培訓和對話交流，西園寺也舉辦過以「佛教與心理治療」爲主題的論壇，以及以心理諮詢師爲對象的禪修營，並開設有爲社會大眾提供免費心理諮詢的「觀世音心理熱線」。我們希望，透過這些方式使更多人認識到，佛法智慧對調整心行的作用。

蘇週刊：您用 iphone 發微博，從這一點看您是個時尚的出家人。怎麼看待科技對人類生活的改變？您說過，不要過分迷信科學，您認爲佛教和科學矛盾嗎？

濟群法師：不矛盾。科學精神其實非常好，求眞務實，實事求是，做任何事都要有這樣的精神。此外，科學技術的發展，極大改善了人類的物質條件，豐富了人類的物質生活，比如交通工具和現代資訊，就給我們帶來難以想像的便利。從這方面說，我們都是科技的受益者。

但關鍵在於，使用科技需要有智慧，需要有健康的人格和良好的心態。我對科學是有過一些菲薄的言論，比如「科學到底是第一生產力還是第一破壞力」等等。這並不是否定科學，而是提醒大家，科學也處在一個發展階段，我們要客觀地看

待它、善用它，否則就可能造成極大的危害。如果沒有先進的生產力，人類對環境的破壞是有限的。反之，這種破壞就可能是毀滅性的，是難以復原的。所以，我並不是否定科學，問題是在於使用科學的人。我要強調的是，如果沒有健全的人格爲基礎，使用科學是很危險的，就像小孩玩火一樣。從某方面來看，科技就像神通。佛教認爲，如果有神通而沒有道德、沒有智慧，就會帶來很多麻煩。事實上，我們這個世界正面臨著很多這樣的麻煩，甚至是災難。

佛教自身的問題不只是佛教的問題，而是社會問題的折射

蘇週刊：您怎麼看待號稱「史上最潮八〇後和尚」的釋道心？他出唱片，參加娛樂節目，形象和一般的佛家弟子很不同。

濟群法師：我對他瞭解不多。不過，出家人應該有出家人特有的形象，如果超出這些特徵，透過一些方式去譁眾取寵，是不如法的。單純地說，出家人做嘉賓、出唱片不是什麼問題。可以透過做嘉賓的方式，以出家人應有的正面形象現身說法，

糾正社會大眾對佛教的偏見。至於出唱片，我也出了很多「片」（指指書櫥裡講座、弘法的影音出版物，笑），關鍵是看出什麼內容。但把自己打扮得像歌星那樣作秀，就超出了出家人的行爲規範。雖然可能會成爲一時的熱點，但並不見得眞正受歡迎。因爲社會大眾對出家人還是有自己認可的標準，雖然這個標準未必準確，但多少反映了他們希望看到的形象。如果一個出家人表現得比普通人更俗，更入世，於自身、於佛教、於社會都是沒有利益的。

佛教認爲，做任何一件事首先要看發心，看動機是爲了利益社會還是表現自己，是爲了弘揚佛法還是譁眾取寵。其次是要看效果，看能否給自他雙方帶來利益。第三是要看行爲本身，看所作所爲是否符合戒律，符合出家人的行爲規範。如果做不到這幾點，很可能會有副作用。

蘇週刊：怎麼看待佛教場所的商業化？比如說少林寺被辦成了一個龐大的產業，您怎麼看待？

濟群法師：佛教場所的商業化，有錯綜複雜的歷史背景和現實情況。過去，很多寺院曾被旅遊部門占用，變成了旅遊點。佛教界接管之後，可能會繼續沿用以前的一些作法，比如收取門票及出售香燭、提供素齋等簡單經營。還有一種情況是，地方把寺院當做景區，當做創收資源，配合開發一些商業產品，甚至會招募假和尙，行坑蒙拐騙之事。此外，也有些寺院把經營場所承包出去，結果承包者爲了賺錢不擇手段，給佛教界帶來不良影響。至於少林寺的現象，也比較複雜。這個牌子很大，打主意的人自然多，不應該把全部問題歸結於少林寺本身。關於上市一事，我曾問過永信法師，他說：地方政府要求我們上市，我做了很大努力，才沒有被上市。

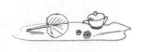

蘇週刊：在中國，佛教向來有世俗化的傾向。大多數人信佛只是燒香拜佛，有的還帶著明確的目的，佛教並沒有走入人們的精神層面，您怎麼看待這個問題？

濟群法師：這一方面和長期以來的教育有關，一方面和佛教自身呈現的精神面貌及弘法力度不足有關。現在很多寺院都是旅遊區，人們來到寺院，只是把它當作景點轉上一圈，再聽導遊胡侃一通，對佛教內涵沒有絲毫認識。而寺院本身，多數也沒有意識到弘法的重要性，沒有爲社會大眾正確認識佛法做些什麼。所以，教界自身也有一定責任。

蘇週刊：您其實是努力地在做這件事。

濟群法師：我是比較努力地在做，佛法這麼圓滿的智慧，但社會又有這麼多誤解，真是令人遺憾。其實，這不僅是佛教自身的問題，也是社會問題的折射。佛教經歷了「文革」的摧殘，在改革開放的環境中迅速恢復起來，自然會帶上很多這個時代特有的浮躁氣息。如果佛教界不能發揮安定社會、淨化人心的作用，不僅是佛教的不幸，還是社會的不幸。當人們的內心需要沉澱，需要淨化，可來到寺院之後，卻看到應該是紅塵淨土的寺院也充滿浮躁和喧譁，還有哪裡可去，還有哪裡可以安頓身心呢？

正確的認識會引發我們內心的智慧，每個人都具有智慧和潛力

蘇週刊：目前社會存在信仰危機，人們可能無法信仰任何理論或者宗教。很多人對佛

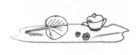

教的信仰，可能並不是出於瞭解，而是迷信。您說信佛是智信，不是迷信，如何區分？

濟群法師：第一，佛法信仰能把人導向智慧，導向生命的覺醒，而不是導向迷惑。第二，迷信不僅存在於宗教，也存在於生活的方方面面。比如我們對很多觀念、習俗和潮流，往往未加審視就輕易地相信它、接受它、跟著它跑了，這不是迷信是什麼呢？第三，佛法重視「正見」，也就是正確的認識，是幫助我們確立智慧的人生觀和價值觀。所以，眞正的信佛是需要以智慧審視後再接受的。

人生會面對各種環境，這些環境對我們產生什麼樣的影響，不在於環境本身，而在於我們如何看待。從佛教觀點來看，每個人都是帶著有色眼鏡在看世界，如果認識本身有問題，我們所認識的對象就會產生較大偏差，從而給我們製造種種煩惱，所謂「世間本無事，庸人自擾之」。所以，生活在這個世間，認知模式非常重要。主要包括觀念和心態，觀念就是我們對世界的認識，心態則包括各種情緒。學習佛法，就是接受一種正確的認識，然後以此看待世界，處理問題，使我們的認識逐漸接近眞相，而不是活在觀念和情緒中。因爲錯誤認識會不斷製造煩惱、製造痛苦，而正確認識則會解除煩惱、開發智慧。當煩惱逐漸減少，我們本具的智慧就能逐漸顯現出來，就像烏雲散去後的萬里晴空，清朗無垢，湛然寂靜。

12

弘揚人生佛教，共建精神家園

——《人民政協報》專訪

做爲漢傳佛教的長老之一，又是極少數長年堅持「自修與弘法」爲佛法根本的濟群法師，在當前中國佛教界可謂桃李滿天下。數十年來，在西園寺戒幢佛學研究所、閩南佛學院擔任教學弘法，爲佛教界培養了一大批人才。爲了使佛法回歸人本精神，他以出世心行入世事，以相容並蓄的思想，深入淺出地廣宣佛法，化導民心，利濟蒼生，並在佛法的現代傳承與弘揚方面做了諸多開疆拓土的探索，成績斐然，在教界廣大信眾和社會上，都產生廣泛的影響。在二〇一四年全國「兩會」即將召開之際，《人民政協報》記者親赴廈門南普陀寺，對濟群法師進行了專訪。

發心求正覺，忘己濟群生

出生於閩東的濟群法師，父母都是虔誠的佛教徒。幼時，在雙親的帶領下，全家信佛並吃長素。在他印象中，家裡常年有僧人來住宿、吃飯，而母親總是熱情招待，家中每天早晚都念經拜佛。一年秋天，母親發心到閩東支提寺幫忙修補《大藏經》，十四歲的濟群也跟著同去，在支提寺生活了三個多月，這在他的內心埋下了深厚的善根，也成為日後出家為僧的緣起。一九七九年，他從福州鼓山湧泉寺普雨老和尚正式剃度，一九八〇年進入中國佛學院，一九八一年在北京廣濟寺受具足戒，一九八四年畢業後，到莆田廣化寺等處參學任教。現任戒幢佛學研究所所長，閩南佛學院研究生導師，並受聘為蘇州大學政治與公共管理學院兼職教授，廈門大學宗教研究所高級顧問、客座教授。中國社會科學院佛教研究中心特邀研究員，主講唯識、戒律、阿含、道次第等課程。

近三十年來，法師在修學之餘發表了兩百多萬字的佛學論著，並積極從事弘法，時常在歐洲、澳洲、港臺及大陸各地高等院校、信眾團體和寺院應邀演講。著有《濟群法師談人生》《真理與謬論》《菩提心與道次第》《認識與存在》《菩提大道》《開啓內在智慧的鑰匙》《禪語心燈》《心經的人生智慧》等。他繼承太虛大師的人生佛教思想，提出佛法是人生智慧、是生活智慧的理念，希望人們擺脫對佛法的誤解，使佛法走入生活，解除生命的迷惑，走向覺醒和自由。

使佛法回歸原有的人本精神，為社會大眾提供健康的人生觀及生活方式，始終是

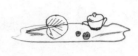

法師提倡的弘法理念。於是，我們的話題便從人生佛教在當代社會的弘揚談起。

問：近二十多年來，法師爲什麼一直致力於人生佛教、正信佛教的弘揚？

答：人生佛教的理念，由太虛大師於民國年間率先提出，與以往的傳統佛教相比，似乎是獨立於各宗之外的新生事物，但究其思想內容，並非創新之見。事實上，人生佛教正是對原始佛教的回歸。與其他宗教的以神爲本不同，佛教的立足點是人本的。

雖然佛教傳入中國已有兩千多年，並成爲傳統文化的重要組成部分。但長期以來，佛教始終被排斥在現行教育體制之外。民眾在接受教育期間，無法從教科書對佛教獲得正面瞭解。僅有的一點介紹，也是依唯物論所做的評判，這就使得他們對佛教充滿誤解。

再或者，是由某些現象得來的片面認識。看到有人來寺院燒香拜佛，就以爲佛教只是保佑平安的途徑；看到信徒中老年人居多，則以爲佛教是閒來無事後的精神寄託；看到個別文學作品中的描寫，又以爲學佛是走投無路後的無奈選擇。而近年來的部分影視作品，更使很多人以爲出家人都是「酒肉穿腸過，佛祖心中留」的豪俠之士。凡此種種，嚴重阻礙了人們對佛教的正確認識。我們透過人生佛教的正面弘揚，就是要使更多人有機會接觸到正信的佛教。

問：當前，傳統佛教在發展過程中存在哪些誤解？

答：教界目前存在的誤解，比較突出的有四點，即鬼神化、來世化、哲理化和學術化。經懺佛事的盛行，使很多人將佛教當作是爲鬼神服務的手段，從而背離佛教的人本精神。淨土法門的特別弘揚，又使很多人覺得學佛只爲求得來世，是老之將至時才需關注的問題。而哲理化的佛教，只適合具有相當文化層次的僧侶學習研究，普通民眾沒有時間也沒能力深入。至於學術化的佛教，也只是部分學者的專業，他們將佛教當作文化現象研究，很少和現實人生發生關係，也很少考慮自己的安身立命，這些學術成果從文化傳承來說固然有一定意義，卻無益於現實人

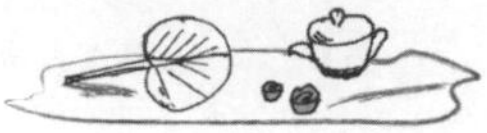

生，更無法激起他人的信仰。

問：和傳統佛教相比，人生佛教有哪些新的內涵？兩者的差別出要體現在哪些方面？

答：人生佛教雖然定位於現實人生，但不是人們通常所以爲的，僅僅關注現實。入世只是其中一個層面，其內涵遠遠不止於此。太虛大師有首偈說得非常好：「仰止唯佛陀，完成在人格，人成即佛成，是名眞現實。」這首偈包含三層內容。首先，人生佛教是以人爲本，透過佛法智慧來正確認識人生，解決各種問題，從而建立幸福人生。其次，說明做人與成佛的關係，學佛要以佛菩薩爲榜樣，克服自身的貪瞋癡，成就慈悲和智慧的生命品質。第三，佛是由人修行而成，每個人都有佛性，都能成佛。因而，人生佛教涵蓋了由人到成佛的整個過程。

可見，人生佛教的內涵是非常豐富的。佛法修行是以菩提心爲基礎，具備這個前提，才能以出世之心，做入世之事。而在修行過程中，正見更是不可或缺的。傳統的宗派佛教，如三論宗緣起性空的正見，唯識宗萬法唯識的唯識正見，以及禪宗的「菩提自性，本來清淨。但用此心，直了成佛」，對我們都具有重要的指導意義。如果說人生佛教和傳統的宗派佛教有什麼區別的話，只是在於它針對佛教發展中存在的誤解，特別提出為現實人生服務的宗旨，同時，在形式上採用更為契機的方式。除此以外，實在無法將人生佛教與傳統佛教對立起來。

對當代佛教的探索與思考

問：實際上，人生佛教即是對傳統佛教繼承和發展。做為今天的修學者來說，我們如何去面對「傳統」？

答：傳統之所以成為傳統，自然有其相應的權威性。也正因為這樣的權威，使得人們往往只是埋頭順應，卻不敢加以審視。比如我們今天繼承的佛教傳統，包括我們的生活、修行乃至寺院建設，究竟是佛教的優良傳統，還是陳規陋習？這個問題，很多學佛者是不曾想過，也不敢去想的，似乎想一想就是離經叛道，就是冒天下之大不韙。

那麼，我們今天所認爲的傳統，和唐朝的佛教是否一樣？和印度早期的佛教是否一樣？和南傳佛教是否一樣？和藏傳佛教是否一樣？當我們換一個角度去觀察，會發現傳統並不是從上至下唯一道路，也不是亙古不變的唯一樣貌。在它的周圍，還有很多或並行、或交叉、或漸行漸遠的道路，還有許多或因時、或因地、或因社會背景和文化差異而展現的豐富變化。其中，究竟什麼傳統更符合佛法眞諦？究竟什麼是主幹，什麼是枝末？究竟什麼是需要繼承的，什麼是需要揚棄的？

如果沒有一個開闊的視野，我們很可能成爲所謂「傳統」的犧牲品。甚至不知道，這個所謂的「傳統」，只是佛教發展過程出現的某種變異。不幸的是，我們卻將這種變異「忠實」地加以繼承，進而發揚光大，代代相傳。從這一點來說，今天這個時代給我們提供了格外的機遇，讓我們擁有前所未有的視野。否則，我們是沒有能力對傳統加以審視，進行甄別的。

二〇〇四年，我發表了《漢傳佛教的反思》，探討如何正確認識傳統的宗派佛教？如何繼承？二〇〇六年首屆佛教論壇召開，我又撰寫了《一個根本，三大要領》，針對當前佛教界存在的問題，提出佛教建設要抓住「一個根本，三大要領」。一個根本，是修學體系建設。三大要領，是僧人教育，僧團管理和弘揚佛法。佛教界存在的問題雖然很多，但如果做好這幾個問題，其他問題都會迎刃而解。

目前我們成立了一個書院，根據佛法的五大核心要素，即皈依、發心、戒律、正見、止觀，建立了一套三級修學模式，幫助學員快速地掌握佛法的核心要領，並有次第地修學。學習方式爲自修與共修相結合，重視討論、交流和分享，重視佛法與人生的相結合。從三年多的實踐來看，學員大多能在短時間內對佛法生起信心，進而使觀念、心態及生命品質得到不同程度的改善。我想這也是傳統佛教在現代社會弘揚的嘗試。

佛教與中國傳統文化的交響

問：做爲一種外來宗教，佛教在中國經過兩千多年的傳播，已成爲中國文化的重要組成部分。可以說，佛教和傳統文化已水乳交融、密不可分了。法師曾說過，如果我們不瞭解佛教，就無法對中國文化有全面的認識。這句話如何理解？

答：對多數沒有佛教信仰或不曾接觸過佛教的人來說，佛教似乎離我們的生活非常遙遠。事實上，佛教和國人的關係不僅非常密切，且源遠流長。

在中國文化史上，雖在春秋時期出現過百家爭鳴的盛況。但漢魏之後，眞正對中國社會產生影響的，乃儒、釋、道三家。如果我們不瞭解佛教，就無法對中國文化有全面的認識。比如魏晉玄學，便深受佛教般若思想的影響。般若典籍談空說無，正是玄學所崇尚的境界。故在南北朝時期，般若經典的翻譯及弘揚成爲熱潮。而隋唐哲學的內涵主要是佛學，如果離開佛學思想，隋唐時期的哲學史將是一片空白。

早期的儒家思想比較富有生活氣息，發展至宋明理學，則將重點落實於心性。關於心性的內容，是早期中國哲學的薄弱之處。雖然《孟子》及《易經》有所涉及，但總體較爲單薄。而佛教的大、小乘經論，對心性都有著豐富且深入的闡述。需要說明的是，佛教對於心性的認識，不僅在理論上有所建樹，更落實於具體修證中。尤其是禪宗，特別重視心性的參悟。因而也有人說，宋明理學是戴著儒家帽子的和尚，表面爲儒家，內涵卻是佛家。且不論宋明理學的兼收並蓄是否成功，其深受佛教之影響，卻是不爭的事實。

及至清末民初，譚嗣同、康有爲、梁啓超、楊度等維新人士，以大乘佛教慈悲濟世的大無畏精神從事救亡圖存、維新改革，雖然他們的變法失敗了，但志士們的哲學思想卻影響了數代國人。而在他們的思想中，又有相當部分是源於佛學。譚嗣同的《仁學》是受到華嚴及唯識思想的影響，開卷即言「凡爲仁學者，于佛書當通華嚴及心宗、相宗之書」，以爲「仁爲天地萬物之源，故唯心，故唯識」。康有爲的《大同書》則受到佛教眾生平等和無我思想的影響，立志打破社會各階級的界限，建立大同世界。

問：以上您說的是佛教對中國哲學思想的影響，我們知道，佛教對中國文學、藝術的影響也是非常廣泛的。

答：佛經浩如煙海，僅《大正藏》便收錄了一萬多卷經文。佛教中的許多經典，如教界廣爲流傳的《金剛經》《維摩詰經》《法華經》，即使單是從文學角度來看，也足以是傳世力作。

佛經所展現的時空觀，更是國人聞所未聞的。中國人的時空觀比較狹窄，正如莊子所言，「六合之外，聖人存而不論，六合之內，聖人論而不議」。而佛經闡述的時空，則爲我們展現了極爲磅礴的氣勢。在《維摩詰經》中，維摩詰示病，佛陀派弟子前往問候。其居處雖僅一丈，但百千人進入後並不感擁擠，房間也未曾變大，這就是佛教所說的不可思議的境界。至於說到三千大千世界，乃至無量無邊的世界，則是以宇宙爲平台，以無限時空爲背景，描寫菩薩的遊戲神通，眞是讓人大開眼界。

佛教典籍的體裁也非常豐富，既有詩歌式、散文式的，也有小說式、戲劇式的。即使不從信仰層面來接受，也可做為文化傳承來學習，因而在傳統的文人士大夫中非常普及。早在東晉時期，即有十八高賢會集廬山，於高僧慧遠法師門下同結蓮社，共修淨業。及至唐宋，文人好佛之風更盛。著名的王勃、王維、白居易、柳宗元、劉禹錫、范仲淹、王安石、蘇東坡等，都是虔誠的佛教徒。文學作品代表著作者對世界的觀察、心得及生活積累，同時也是作者思想境界的反映、精神信仰的折射。因此，古代的很多文學作品都蘊涵著佛理，流動著禪意。

如果我們不瞭解佛教，就很難透徹這些作品的底蘊。如《西遊記》便是以唐僧（玄奘三藏）西去印度取經的經歷爲題材。其創作中滲透了許多佛教思想。而《閱微草堂筆記》《聊齋志異》等筆記小說，也在不同程度上反映了佛教的因果報應思想。至於名著《紅樓夢》中，則爲讀者展現了許多極富禪意的詩作。

問：佛教對中國藝術創作的影響更是不容忽視的？

答：佛教的傳入和佛教造像的盛行，極大促進了中國雕塑、建築、繪畫藝術的發展。其中，尤以雕塑領域更爲突出。存世作品中，佛教造像不僅數量眾多，更有著令世人矚目的藝術價值。如果沒有敦煌、雲岡、龍門、麥積山等眾多石窟中數以千萬計的佛教造像，沒有巍峨梵宇中的諸佛菩薩，雕塑藝術寶庫將減少一半以上的珍藏，中國雕塑史也絕不會像我們今天所看到的那麼豐厚、那麼有份量。

而存世的古建築中，也有相當部分是寺廟建築。如現存最早的兩座唐代古建，均爲佛寺殿堂，即南禪寺大殿和佛光寺大殿。至於古塔，基本都是佛教建築。尤其是那些經典之作，如嵩山嵩岳寺塔、山西應縣木塔、大理崇聖寺三塔、蘇州雲岩寺塔等等，雖然風格造型各異，但都是清一色的佛塔。俗話說，「天下名山僧占多」。名山，既因自然景觀而名，亦因人文景觀而勝，而佛教名勝正是人文景觀中的一項重要內容。

中國的繪畫、書法作品，同樣離不開佛教題材。山水畫中，有古寺梵剎、阿蘭若處；人物畫中，則有諸佛菩薩、金剛羅漢、高僧大德。而各個朝代抄寫的經書，則在弘揚佛法的同時，爲我們保留了大量的古代書法作品。其中，書法大家的抄經名作便不勝枚舉，如王羲之書《遺教經》、張旭書《心經》、柳公權書《金剛經》、蘇軾書《圓覺經》、趙孟頫書《妙法蓮華經》、林則徐書《阿彌陀經》、歐陽漸書《心經》、弘一大師書《華嚴經》等等。此外，敦煌還保存有大量唐人寫經，既是珍貴的佛教典籍，也是不可多得的書法藝術寶庫。

在這些作品中，不僅直接以佛教相關題材乃至佛教經文爲創作內容，更蘊涵著佛法的境界和精神。我們知道，中國傳統繪畫的表現方式與西畫截然不同。西畫重視寫實，而國畫重視寫意，逸筆草草，直抒胸臆。「意」就是一種思想，一種境界。作品的品位有多高，主要取決於創作者的思想境界。如果沒有相當的文化和宗教素養，作品如何能有空靈深邃的境界呢？正所謂「功夫在畫外」。相應的，如果我們不具備佛學修養，也很難追隨創作者的創作心路，進入那種意境之中。現代人的心如此浮躁，若不瞭解作品之後的背景，如何穿越百千年的時空，領略

那番禪意、體會那份超然呢？

問：佛教除了對中國哲學、思想、文學、藝術等領域的巨大影響之外，其自傳入中國以來，也走入了尋常百姓家。極盛之時，曾有「家家觀世音，戶戶阿彌陀」的景象。佛教對中國的民俗、道德的影響也是多層面的。

答：是的，誠如佛菩薩聖誕等宗教節日現已逐漸成爲社會普遍接受的民俗節日等等。而其中，尤以臘八節和盂蘭盆會的影響爲最。國人有很強的孝道觀念，但這種孝是建立於倫理綱常之上，而佛教所提倡的孝親則著重於報恩，可以說是更究竟的盡孝方式。

此外，國人的很多道德觀念也深受佛教影響，如因果報應的觀念等等。維繫社會安定主要有兩種方式：一是透過法律，一是透過道德。在世界各民族中，宗教都是道德建立的基石，以此維繫人類社會數千年的文明發展。在阿拉伯國家，依伊斯蘭教建立其道德基礎；歐美國家，依基督教建立其道德基礎；亞洲國家，則依儒學、佛教建立其道德基礎。否定信仰，道德就會成爲無源之水、無本之木。

佛教彌補中國傳統文化的不足

問：在中華民族五千多年的文明進程中，積累了深厚而光輝燦爛的文化。今天我國正在提倡社會主義文化大繁榮，要增強文化軟實力，您認爲中國的傳統文化中，還存在哪些不足？佛教可以發揮什麼作用？

答：今天，人類對外部世界展開了種種探索，並有了愈來愈多的認識，但對自身的生命依然無知。儘管中華民族有著五千年的光輝文化，但在傳統文化中，對心性問題、生死問題、世界本原問題，缺乏系統而深刻的研究。在這些方面，佛教可以彌補中國傳統文化的不足，對於提高文化的軟實力，可以發揮獨特作用。

比如心性問題，社會雖然在不斷發展，人性卻沒有太大的變化。古人存在的問題，今天也一樣存在。人性中的貪、瞋、癡煩惱，和兩千多年前佛陀時代的人們並沒有什麼不同。佛法是心性之學，從對心行的剖析到調整，都有著非常豐富的

理論。學習佛法，可以幫助我們正確認識心性，修身養性，乃至明心見性，從而擺脫人性的負面因素，張揚其中的正面力量，也就是今天社會所呼籲的「正能量」。

再比如生死問題，幾千年來，一代又一代的哲學家和宗教家都在致力於生死問題的探討。做爲伴隨人類一生的兩大屬性，生和死，既相互否定，又密不可分。

如果將一個人的出生做爲人生旅途的起點，那麼，從他來到這個世界開始，每時每刻都在接近旅途的終點，在奔向他的末日。正是由於我們的生，帶來了無法迴避的死亡，正如一位哲人所說的那樣：每個生命的經驗均以死爲方向，這乃是生命經驗之本質。

那麼，生從何來，死往何去？依唯物論者的觀點：生從父母來。身體髮膚受之父母，媽媽生下我，我就有了。而生命的結束，就意味著一切的消失——人死如燈滅。死亡做爲個體生命的結束，充分體現了人生的有限。

而佛學依據緣起的智慧考察生命現象，認爲生命是相似相續、不常不斷的。生命不僅包括了我們的現在，還有著生生不已的過去和未來。我們這一期人生僅僅是生命延續中的一個片段。生命像流水，從無窮的過去一直延續到無盡的未來；生命又像鐵鍊，一環套著一環。我們現有的生命形式，僅僅是其中的一片浪花、一個環節。瞭解生從何來，死往何去，知道生命延續的因緣因果，就能幫助我們更好地理解人生的窮通禍福，正視當下發生的一切，從容面對。同時，基於對未來生命的負責，我們會更關注當下的行爲。

還有世界的本原問題，認識與世界的關係，世界如何產生、形成？什麼代表著存在？世界的眞相是什麼？在唯識、中觀的經論裡都有系統的闡釋和說明。可以說，佛學即是東方的哲學，對人生、人活著的價値、人如何看待這個世界都有深刻的指導意義。

建設如法寺院，構建人類精神家園

問：我們知道，佛法就是心性之學，是究竟解決人生問題的大智慧。但今天的人們，對於生從何來，死從何去等有關信仰問題思考不深，以致人們普遍信仰缺失，您對此有何看法？

答：在我們的人生中，信仰究竟意味著什麼？是生命的最終依歸，還是可有可無的點綴？信仰究竟又能爲我們帶來什麼？是人生道路上的智慧明燈，還是遭遇挫折時的心靈安慰？在現實生活中，的確有許多人沒有宗教信仰，也不曾意識到信仰對於人生的作用。尤其在中國社會，許多人對宗教都缺乏正面認識。在這樣的前提下，信仰需求或者得不到正向引導，或者轉化爲其他需求，甚至誤入邪教的信仰中，給社會和家庭都帶來巨大的損失。至於那些終日爲衣食奔忙或沉溺聲色名利的人，從未思考過生死大事，自然也覺得信仰是可有可無的。

但信仰所關注的是人生大事，包括生從何來、死往何去，包括對人生價值和生命自我的認識，也包括心靈的關懷及煩惱的解脫。這些都是人類永恆的問題，不會因爲我們忽略而不再存在。

問：那麼，如何爲人們指引正確的信仰，建設如法的寺院，爲人類找到可以休憩的精神家園？

答：信仰不僅能幫助人們淨化內在心靈、建立道德規範，還能讓我們找到人生的究竟歸宿，引領我們踏上古聖先賢的求眞探索之路。

寺院，是出家人修行的道場，也是面向民眾弘法的平台，更是構建人類精神家園的重要陣地。但我們看看今天的寺院，因爲歷史等種種原因，一些寺院只有燒香拜佛的作用，在功能上幾乎和神廟相差無幾。而另一些寺院則成了旅遊觀光之地，供人遊覽參觀，娛樂休閒。與此同時，一些地方政府、企業也在推波助瀾，占據名山，開發旅遊，發展商業，所謂宗教搭台，經濟唱戲，這是對寺院性質的扭曲，也是對宗教神聖性的玷污。須知，政府講宗教爲經濟建設服務，並非把寺院變成一座商店或者一個工廠，直接產生經濟效益，而是發揮宗教淨化人心的功能，爲經濟發展提供一個和諧、穩定的社會環境。現在有不少地方政府把名山寺院變成景區，發展經濟，這不僅不利於佛教的健康發展，同時也使宗教嚴重喪失教化社會的功能，這是社會的悲哀啊！

問：寺院的基本職能是什麼？

答：寺院，即以修學佛法爲核心。寺院又稱道場，是出家人學法修道、化世導俗的場所。在佛教兩千多年的流傳過程中，始終擔任著續佛慧命的職責，使佛教薪火相傳，久住世間。

佛教是覺醒的教育，其責任就是引領大千世界芸芸眾生，從迷惑走向覺醒。身爲出家人，我們必須認識到自己的責任，「勤修戒定慧，息滅貪瞋癡」。只有提升自身的生命品質，才有能力承擔教化社會、淨化人心的責任，自覺覺他，自利利他，以此實踐大乘佛教慈悲濟世的精神。

佛教界需要眞正認識寺院的職能，那就是內修和外弘。寺院是成就出家人用功辦道的場所，也是開展教育、弘揚佛法的平台，包括對四眾弟子的教育，也包括面向社會大眾的教育。要完成這一目標，既需要常規化的活動，也需要非常規化的活動。

所謂常規化，每個寺院都有責任爲大眾提供常規的宗教生活，以此滿足信眾的信仰需要，並使他們對佛法的認識得到提升。所謂非常規化，即每個道場要發揮不同特色，對信眾進行引導，或側重某一宗派的修學，或側重禪修，或側重慈善，形成較爲深入的修學體系。這樣的話，才有可能從根本上改變整個佛教的局面。身爲當代的出家人，我們不僅要明確內修外弘的本分，更要共同探索佛教在當代的弘法思路，以期形成規模化和體系化。只有這樣，才能使佛法得以廣泛傳播，爲和諧社會的建設做出貢獻。

問：在今天這個時代，如何建設如法的寺院？又該怎樣進行管理？

答：在佛教傳統的三綱制度中，上座負責道德教育，寺主負責行政管理，維那負責清規戒律。這是一套非常合理的體制，我覺得，比西方的三權分立更加健全。因爲它建立的是一套雙向監督——行政必須在道德教育和清規戒律的雙向監督下做事，這就保障了寺院的健康發展。如果不尊重道德教育，缺少清規戒律的有效監督，做事就只能靠負責人的良心和素質了。

早期的寺院，方丈的任務主要是領眾修行。在行政方面來說，則有東序和西序。西序是班首，協助方丈進行道德教化；東序是執事，負責寺院的日常行政管理。而現在的方丈往往將教育和行政集權於一身，在這種情況下，對方丈自身素質的要求就特別高。否則的話，就會因缺乏監督帶來各種隱患，造成各種問題。由此帶來的不良後果，已經對佛教造成了嚴重的誤導和破壞。更可怕的是，這種誤導和破壞還在繼續，還在變本加厲。如果我們不爲此做些什麼，即使能保持某種程度的潔身自好，也將淪爲佛教走向衰落的推手。因爲在這樣的大環境下，不逆流而上，就是隨波逐流；不中流砥柱，就是順勢而下。

此外，佛陀所制定的六和精神，也是建設清淨僧團的指南。在六和中，一是戒和同修，在制度上人人平等。二是見和同解，把認識、思想統一到佛法中。三是利和同均，機會平等，利益均衡。四是身和同住，保持團體行動的協調性，身業清淨。五是口和無諍，顧全大局，不說是道非，製造事端，口業清淨。六是意和同悅，常懷歡喜感恩之心，意業清淨。如果能將三綱制度和六和的管理精神結合起來，就能建設清淨、如法、和合的僧團，實乃佛法之幸，眾生之幸！

而從寺院的建築形式來看，目前的佛教建築，基本沿襲明清以來的傳統。這種主體殿堂服務於信仰和崇拜的佈局，其實是佛教衰落的產物。而在佛教發展的鼎盛時期，寺院建築的重點是服務於學教和修行，禪宗更有「不立佛殿，唯立法堂」之說，這和佛教內修外弘的精神是相一致的。但我們看看現在的寺院，雖然有規模很宏大，但基本是供奉佛菩薩的，真正用於教育、弘法、禪修的空間並不多。所以，重新認識寺院職能，打造既能體現時代水準，又能契合時代需要的禪意寺院，也是我們需要努力的。

要想恢復寺院應有的職能，就必須重視教育、弘法、禪修。與此同時，去除迷信、商業的成分，還原寺院神聖、清淨、莊嚴的面貌，這是佛教的需要，也是時代的需要。在這方面，國內許多寺院已經做出了表率，如河北柏林寺、北京龍泉寺、蘇州西園寺、五台山普壽寺、太姥山平興寺等。去年以來，廈門南普陀寺提倡零門檻、零商業、零消費，不賣門票，免費送香，實行一年多來，深受社會好評，這是值得整個佛教界學習的。

佛法弘揚與「中國夢」

問：法師曾高度概括過：佛法即瞭解生命眞相的智慧，究竟解脫人生痛苦的方法。而提高民眾素質，增強中國的文化軟實力，是實現中華民族偉大復興之中國夢的重要基礎。您認爲，在實現中國夢的征程上，佛教對於民眾的素質建設，及形成正確的世界觀、人生觀、價值觀，能做出什麼貢獻？

答：現在整個社會最缺乏的，就是做人的教育，包括對正確人生觀和價值觀的引導。現代人普遍的特點，是利益最大化和跟著感覺走，由此帶來的問題，正在逐漸浮出水面。近年來頻頻出現的惡性案件，正在一次次觸及社會的道德底線，讓人們從震驚中開始審視，開始反思：這個社會怎麼了？今天的人怎麼了？

問題的根源，其實就是教育。如果我們的教育一味重視分數而不重視素質，一味重視技能而不重視心性，禍根就已經埋下了。要扭轉這一局面，只有從教育做起。

傳統儒家和佛教都是關於做人的教育。儒家有很多精彩的道德信條，很有利於人格的健康成長，和自他關係的和諧。佛教更是立足於對心性的認識，和生命發展的因果原理，提出各種生命教育的方案。比如人天乘教育，透過了達因緣因果，止惡行善，幫助我們成爲善人、健康的人、幸福的人爲目標；小乘教育，透過對生命痛苦根源貪瞋癡的認識和解決，以成爲解脫自在的人爲目標；大乘教育，首先要發菩提心，也就是樹立崇高的利他主義願望，在盡未來際的生命中，以幫助一切眾生從迷惑走向覺醒，究竟的離苦得樂爲使命和責任。佛教的不同經論，不同宗派，都圍繞著這些教育的目標而展開的。這些內容都可以彌補我們現在教育存在的不足，同時對於中國人的心理建設、人格建設及高尚的精神追求，都有著非常重要的意義。

其實，做人才是我們今生最重要的事，這不僅關係到個人的身心健康，也關係到社會的和諧發展。讓人欣慰的是，社會大眾正在逐步意識到這方面的需求，很多高校紛紛開辦相關的國學班、禪學班，我們也經常應邀前去講授佛法。

問：我們注意到，您近年很重視佛教與心理學的溝通交流。要實現「中國夢」，人的心靈建設、精神追求尤其重要，您認爲，這種溝通的意義是什麼？佛教在解決人類心理問題方面能發揮什麼作用？

答：目前，社會最大的問題就在於人的心態不好。經濟發展到一定程度時，人們發現，改善物質並不一定能使人過得幸福，這就必然轉向精神方面的探尋。因爲幸福不僅與物質有關，更與心靈感受有關。

這種關注和需求，使心理學逐步成爲熱點，很多高校也開始重視這一領域。但西方心理學只有一兩百年的歷史，而做爲東方心理學的佛教，則有兩千多年歷史，深淺自是不可同日而語。正因爲認識到西方心理學的局限和不足，一些西方心理學大家，包括榮格、弗洛姆、認知心理學的貝克等，都在把佛教理論和禪修方法應用到心理學的理論建設和治療方面。

在國內，雖然佛教有著悠久的歷史，但在流傳過程中形成諸多陋習，加上當今教界確有不少問題，這就使得很多人對佛教存在負面印象。所以，我們希望透過與心理學界的交流，使人們認識到佛教的心靈智慧，以及對改善心性的重要意義。這幾年，我參加了不少心理學界的活動，在華中師大舉辦的「海峽兩岸心理輔導論壇」上，講述了「佛教對心理問題的解決」；在「北師大京師人文宗教大講堂」，講述了「心理學視角的佛學世界」，在復旦大學講「佛教心理學」等等。此外，我們正在組織一些人翻譯《佛教與心理治療叢書》，向國內介紹西方心理學家如何將佛法應用於心理治療的最新研究成果。在戒幢佛學研究所，我們已舉辦多屆「佛教與心理治療」論壇，讓教界法師和心理學界的學者們齊聚一堂，共同探討如何解決現代人的心理問題。

佛法和心理學有共同的研究對象，那就是我們的心。而佛教對心的瞭解更究竟，對心理問題的解決更透徹，所以我們希望借助心理學的興起，讓佛教在解決人類心理問題、精神追求方面發揮更大作用，同時也讓更多的人認識到佛教的現實意義，而不只是燒燒香、拜拜佛。

問：西方有位哲人說過：有兩種東西，我對它們的思考愈是深沉和持久，它們在我心靈中喚起的驚奇和敬畏就會日新月異、不斷增長，這就是我頭頂上燦爛的星空和心中崇高的道德準則。可今天的人們，對於「道德」兩字已毫無敬畏之心，更遑論遵守道德準則了。要實現中國夢，如何喚起人們對於道德星空的敬畏？

答：西方哲人所說的燦爛星空，其實就是我們的精神追求。只有當我們有了精神追求，才會重視並遵循道德準則，而宗教正是世界各民族道德建立的基石。

在當今這個全球一體化的社會，我們需要尋找一種可行的全球道德規範。有些傳統宗教排他性較強，或與現實人生距離較大。而佛教是立足於現實人生並具有包容性的宗教。更容易使人接受的是，佛教認為自利與利他是統一的。凡夫難免有我執，因而做每件事都會有利益的考量。如果像儒家那樣將利與義對立起來，很難使人堅守這一道德信條。建國幾十年來，一直在提倡「全心全意爲人民服務」，這正是佛教所提倡的菩薩道精神。但如果意識不到「爲人民服務」的意義所在，這種服務能持之以恆嗎？事實上，很少有人能眞正做到這一點。

相比之下，佛教道德的可行性更強，因爲它是結合利益對道德行爲進行界定。衡量一種行爲是否符合道德規範，就要看它是否對自他雙方都眞正有益。同時，它不僅能使我們獲得眼前利益，更能使我們獲得長遠利益。在很多人的感覺中，利益他人似乎必須以損失個人利益爲前提。而佛教卻認爲，凡是有利於別人的行爲，必然有利於自己。當然，可能需要暫時付出一些，但這一善行會給未來生命帶來百千倍的回報。就像播下的一粒種子，會結出累累碩果。結果可能在今生，也可能在來生或更久，因緣成熟時一定會得到回報，正所謂功不唐捐。

所以說，要喚起對道德星空的敬畏，一方面要提倡精神文明建設，讓人們在享有物質文明的同時，進一步重視精神追求。另一方面，是讓人們對佛教的道德觀有

全面認識。我相信，只要人們眞正瞭解這種道德的內涵，以及對自身的意義，是願意接納它，遵循它的。

問：或許有人會對此產生懷疑：萬一善有善報只是空洞的安慰，是永不兌現的許諾呢？對於凡夫來說，總是希望馬上見到結果才肯確信。現代社會，商業文化和社會功利主義盛行，很多人在得與失的問題上找不到平衡點，患得患失，如何加快人們公益心、慈善心的建設？如何推進「民心向善」？

答：要平衡得失，首先需要對因果有正確理解。因果有兩種，一是外在因果，即由言行導致的客觀結果；一是內在因果，即由言行逐步造就的心態和生命品質。很多人做慈善或宣揚慈善時，只是將之做爲社會大眾推崇的道德行爲。如果定位於這種外在因果，往往會在付出後希求社會或受助方認同，以此做爲回報，這就難免摻雜功利心，甚至演化爲一種變相貿易。或是因爲看不到行善的及時回報而失去動力。

事實上，慈善應該是由慈悲心發出的自覺行爲，並在實踐過程中使慈悲心得到增長，人格得到完善，生命品質得到提升，這才是行善的最大回報。而不在於外界如何看待，也不在於受助者是感恩或誤解。如果我們認識到這一點，認識到慈善對生命改善的意義，就會有源源不斷的動力，就像人們認識到事業、財富重要時會不懈追求那樣。

至於推進「民心向善」，應該從兩方面著手。首先，幫助民眾正確認識慈善行爲對於自身生命改善的意義，也就是當下利益（令內心調柔安樂）和長遠利益（令生命品質得以提升）。其次，需要大力弘揚傳統文化中高尚的道德理念，如儒家提倡的仁義，墨子呼籲的兼愛，大乘佛教宣導的慈悲濟世精神，這些思想都是鑄造慈悲品質不可或缺的基礎，也是我們實現中華民族偉大復興之中國夢的根基。

濟群法師著作系列

修學引導叢書

《探索》
《走近佛陀》
《道次第之道》
《菩提大道——《菩提道次第略論》講記》
《菩提心與普賢行願》
《尋找心的本來》
《你也可以做菩薩——《入菩薩行論》講記》
《學著做菩薩——《瑜伽菩薩戒品》講記》
《真理與謬論——《辯中邊論》解讀》
《認識與存在——《唯識三十論》解讀》
《超越「二」的智慧——《心經》《金剛經》解讀》
《開啟內在智慧的鑰匙——《六祖壇經》解讀》

智慧人生叢書

《你也可以這樣活著》
《心，才是幸福的關鍵》

以戒為師叢書

金翅鳥系列　JZ07

走出生命的迷霧

作　　　者　濟群法師
責任編輯　胡琡珮、陳芊卉
封面設計　夏魚
內頁排版　歐陽碧智
業　　　務　顏宏紋
印　　　刷　中原造像股份有限公司

發　行　人　何飛鵬
事業群總經理　謝至平
總　編　輯　張嘉芳
出　　　版　橡樹林文化
台北市南港區昆陽街 16 號 4 樓
電話：886-2-2500-0888 #2738　傳真：886-2-2500-1951
發　　　行　英屬蓋曼群島商家庭傳媒股份有限公司城邦分公司
台北市南港區昆陽街 16 號 8 樓
客服專線：02-25007718；02-25001991
24 小時傳真專線：02-25001990；02-25001991
服務時間：週一至週五上午 09:30 ～ 12:00；下午 13:30 ～ 17:00
劃撥帳號：19863813　戶名：書虫股份有限公司
讀者服務信箱：service@readingclub.com.tw
城邦網址：http://www.cite.com.tw
香港發行所　城邦（香港）出版集團有限公司
香港九龍土瓜灣土瓜灣道 86 號順聯工業大廈 6 樓 A 室
電話：852-25086231　傳真：852-25789337
電子信箱：hkcite@biznetvigator.com
馬新發行所　城邦（馬新）出版集團【Cité (M) Sdn.Bhd. (458372 U)】
41, Jalan Radin Anum, Bandar Baru Sri Petaling,
57000 Kuala Lumpur, Malaysia.
電話：+6(03)-90563833　傳真：+6(03)-90576622
電子信箱：services@cite.my

一版一刷　2024 年 3 月
ISBN：978-626-7219-97-3 (紙本書)
ISBN：978-626-7219-98-0 (EPUB)
定 價：380 元

城邦讀書花園
www.cite.com.tw

國家圖書館出版品預行編目（CIP）資料

走出生命的迷霧 / 濟群法師著 . -- 初版 . -- 臺北市：橡樹林文化，城邦文化事業股份有限公司出版：英屬蓋曼群島商家庭傳媒股份有限公司城邦分公司發行，2024.03
面；　公分 . --（金翅鳥系列；JZ07）
ISBN 978-626-7219-97-3（平裝）

1.CST: 佛教修持　2.CST: 佛教說法

225.87　　113001019

填寫本書線上回函